William Bell

South on 61

Aus dem kanadischen Englisch
von Eva Riekert

Urachhaus

Für Ting-xing Ye

... wie Gold, das hauchdünn ausgewalzt

Die kanadische Originalausgabe erschien 1998 unter dem Titel ›Zack‹ bei
Doubleday Canada Limited (Toronto).

Die Übersetzung wurde durch den Canada Council finanziell gefördert.

Zu diesem Buch gehört eine CD mit dem Blues ›South on 61‹,
der auf den Seiten 164 bis 166 abgedruckt ist.

ISBN 3-8251-7313-5

In neuer Rechtschreibung
Erschienen 2000 im Verlag Urachhaus
© 2000 Verlag Freies Geistesleben & Urachhaus GmbH, Stuttgart
© 1994 William Bell
›South on 61‹ © William Bell und Dylan Bell
Published in arrangement with Doubleday, Canada
Umschlagillustration: Silvia Christoph, Berlin
Gesamtherstellung: Clausen & Bosse, Leck

TEIL EINS

1

»Es ist unmöglich, zweimal in denselben Fluss hineinzusteigen«, erinnerte mich mein Vater des Öfteren, indem er einen altgriechischen Philosophen mit unaussprechlichem Namen zitierte. Während ich die Sohle meines Sportstiefels mit dem Spaten abkratzte, überlegte ich, ob der gleiche weise Spruch wohl auch auf Hundedreck zutrifft. Zwischen unserem neuen Haus und der Reihe von Zedern, die den Fluss säumten, war das vertrocknete braune Gras übersät mit lauter ekligen kleinen Haufen von verwitterter Hundekacke, die ganz urplötzlich aufgetaucht waren, als der Schnee schmolz.

In der Sch... stecken – ein ziemlich treffender Vergleich für meine Situation nach unserem Umzug hierher. Das Haus selbst war ganz in Ordnung. Unter Folter hätte ich wahrscheinlich sogar zugegeben, dass es besser war als unsere enge Dreizimmerwohnung in der Stadt. Im ersten Stock hatte ich ein ganz brauchbares Zimmer mit großem Fenster und Blick auf den Garten, aber das tröstete mich nicht besonders. Ich war es gewohnt, durch tosendes Verkehrsgetümmel zur Schule zu gehen, wo die Bürgersteige von Leuten wimmelten, die an Restaurants, Billardhallen, Videotheken und Kaufhäusern vorbeieilten. Ich war mit dem Stadtbus gefahren, der mit Menschen jeglicher Hautfarbe vollgestopft war und in dem das Sprachgewirr babylonische Ausmaße hatte. Jetzt stand ich allmorgendlich stumm und starr am Ende unserer ungepflasterten Auffahrt und wartete darauf, von einem großen, gelben Monstrum verschluckt und zu dieser Langweiler-Highschool gebracht zu werden. Man hatte mich aus einer der belebten Straßen in der größten Stadt des Landes hierher ans Ende des erforschten Teils des Universums verschleppt, in eine ländliche Gegend des Bezirks Garafraxa Township – der Name klingt wie eine unheilbare Hautkrankheit –, wo die Straße bei einer Hühnerfarm am Rand eines Un-Dorfs namens Fergus endete. So weit ich sehen konnte, war das, was die Einheimischen unter Abwechslung verstanden, das Anprobieren von Handschuhen im Gemischtwarenladen – oder sie sahen einfach zu, wie sich das blaue Signallicht auf dem Schneepflug drehte. Es war überhaupt nicht witzig, das einzige Kind von zwei sturen Eltern zu sein, die beschlossen hatten, die Stadt zu verlassen und wie die Pioniere im Busch zu leben. Bilder tauchten vor mir auf: Alfalfakeimlinge und Körner zum Essen, Mom, die sich in Selbstgewebtes hüllte, Dad in einem karierten Holzfällerhemd und ausgebleichten Jeans beim Spalten von Feuerholz, wobei er schwarzen Kautabak ausspuckte.

»Es ist eine wunderbare Chance für Dad«, hatte Mom mir vor einem Jahr mitgeteilt, nachdem sie die Bombe hatte platzen lassen. »Er bekommt den Lehrstuhl der Fakultät.«

»Mom war nie begeistert von der Stadt«, sagte Dad in anderem Zusammenhang. »Sie kann sich daheim ein eigenes Aufnahmestudio einrichten, das hat sie doch schon immer gewollt. Und einen Garten haben.«

Zwei gegen einen. Was das Kind wollte, zählte nicht. Monatelang schimpfte ich, war beleidigt und warf Sachen durch mein Zimmer. Ich vermasselte zwei meiner Noten mit Absicht. Ich lief drei Tage lang weg. Wir zogen trotzdem um. Und jetzt, jetzt stand ich hier hinten im Garten, ich, Matt Lane, und kratzte Hundexkremente von meinen Schuhsohlen.

2

An dem säuerlichen Geruch erkannte ich, dass sich Jenkins genau in dem Augenblick hinter mir angeschlichen hatte, als ich mit dem Runterladen fertig war, und dass er gesehen hatte, wie ich die Diskette rausnahm und in der Tasche verschwinden ließ. »Her damit, Matt«, befahl er und seine Stimme verriet einen Anflug von Triumph.

Mit einem Mausklick schloss ich die Datei. »Ähm, was denn, Sir?«

»Du weißt genau, was.«

»Das ist nur meine ganz persönliche Diskette«, sagte ich. »Wissen Sie – vertraulich.«

»Lahme Ausrede.«

»Ich kann's erklären.«

»Kein Interesse. Her damit.«

Ich nahm die Diskette aus der Tasche und reichte sie ihm über die Schulter.

»Bleib am Ende der Stunde bitte da.«

Draußen vor dem schmutzigen Fenster des Computerraums im ersten Stock des Schulgebäudes fiel ein nieselnder Regen aus dem tief hängenden, grauen Himmel. Wir hatten die ganze vergangene Geografiestunde damit zugebracht, Wetterkarten von irgendeinem Satelliten runterzuladen, damit wir sehen konnten, wie sich knallgrüne meteorologische Muster amöbengleich über die blauen Karten auf unseren Bildschirmen ausbreiteten. Das heißt die meisten von uns. Zu meiner einen Seite malte ein dürrer Junge, der gerade drei Tage lang aus dem Unterricht ausgeschlossen gewesen war, mit weißem Tipp-Ex Herzen mit Initialen auf seinen Ordner. Auf der anderen Seite war ein Mädchen mit superlangen falschen lila Fingernägeln damit beschäftigt, ihrer Freundin voller Inbrunst zu erläutern, warum sie ihr eigenes Haar ›total bescheuert‹ fand.

Ich wusste auch ohne Bildschirm, dass es regnete, deshalb ging ich ins Internet und surfte nach einer bestimmten Information, hinter der ich her war. Ich hatte fast die ganze Stunde gebraucht, um auf was Brauchbares zu stoßen, und dabei hatte ich das Klappern und Klicken der Tastaturen und Mäuse und das Gemurmel der anderen fast vergessen.

Es war nicht schwierig gewesen, abzuschweifen, denn Jenkins hatte den Großteil der Stunde damit zugebracht, mit hochgekrempelten Hemdsärmeln über seinem voll beladenen Pult zu hängen, Tests zu korrigieren und Mief abzusondern. Nicht nur, dass er klein und rundlich und ziemlich kahlköpfig war, sein Markenzeichen war sein müffelnder Körpergeruch, der ihn wie ein feuchter Nebel umgab. Während sich meine Mitschüler, von denen mich einige mit neugierigen Blicken musterten, aus dem Raum schlängelten, zog Jenkins seine Krawatte, die er nun schon seit fünf Tagen ununterbrochen anhatte, fest und schlüpfte in eine alte Tweedjacke. »Komm nach der letzten Stunde ins Büro von Miss O'Neil, Matt. Und bring deinen Benutzervertrag für Computer mit.«

Anderthalb Stunden später kämpfte ich mich durch das geräuschvolle Chaos der Korridore zum Rektorat vor, eher verärgert als beunruhigt. O'Neil würde mir wahrscheinlich eine Verwarnung geben und meinen Benutzervertrag widerrufen. Unerlaubtes Runterladen wurde von der Schule sehr streng geahndet, was ich sogar verstand. Es gab ja allen möglichen widerwärtigen Mist im Netz und es lag nicht im Interesse der Schule, dass wir uns mit so etwas beschäftigten. Wenn man erwischt wurde, verlor man seine Berechtigung, sich einzuloggen, und durfte die Computer nur für Textverarbeitung und Tabellenkalkulationen und so was benutzen – es sei denn, man hatte einen Freund, der einem sein Kennwort gab, was bei mir aber nicht der Fall war. Aber im Grunde war die Schule bei der Kontrolle des Netzzugangs ungefähr genauso erfolgreich wie beim Verhindern von Drogenhandel.

Als ich ins Vorzimmer kam und mich bei der Sekretärin meldete, wurde ich so zügig ins Büro von O'Neil geleitet, als würde ich mit den teuersten Eintrittskarten ein Konzert besuchen. Miss O'Neil war eine Frau mittleren Alters, groß und schlank, mit ergrauendem Haar, mit einer Hose und einer weißen Bluse sportlich gekleidet. Seit meiner Anmeldung vor ein paar Monaten hatte ich nie wieder mit ihr zu tun gehabt. Damals war sie überfreundlich gewesen. Jetzt verzog sich ihr Gesicht zu einem Ausdruck flüchtiger Besorgnis, den Lehrer so gut drauf haben.

9

Sie saß in einem Ledersessel hinter ihrem riesigen Holzschreibtisch. Jenkins hatte sich in einem Stuhl neben ihr niedergelassen. »Leg deinen Vertrag auf den Tisch und setz dich, Matt«, sagte O'Neil. Dann nahm sie den Telefonhörer ab und wählte.

Ich warf den Vertrag auf ihre Schreibunterlage und setzte mich auf einen Stuhl. Jenkins sah aus dem Fenster, dann betrachtete er seine Fingernägel. Eine Weile saßen wir drei so da. O'Neil beendete ihr Gespräch und legte auf. Einen Moment später summte das Telefon. Sie nahm ab, horchte und sagte: »Danke, Laura, schick ihn herein.« Die Direktorin erhob sich vom Stuhl und sah zur Tür. Als diese sich öffnete, zog sie überrascht die Augenbrauen hoch. Sie warf mir einen kurzen Blick zu, fasste sich dann schnell, lächelte und schnurrte: »Mr Lane? Kommen Sie doch herein.«

Selbstverständlich hatte sie angenommen, dass mein Vater schwarz sei. Welch eine Überraschung, Miss O., dachte ich.

Mein Vater betrat das Rektorat mit der geschmeidigen Leichtigkeit eines Sportlers. Über seinem weißen Baumwollhemd trug er eine Strickjacke, dazu eine braune Kordhose und Slipper – was er immer an der Uni trug. Nachdem man sich bekannt gemacht und die Hände geschüttelt hatte, setzte er sich auf den freien Stuhl. Er wirkte leicht irritiert, so, wie er immer dann aussah, wenn ich ihn bei der Arbeit an einem Manuskript störte oder wenn er gerade in seiner engen, sauberen Handschrift Notizen machte, völlig in Gedanken versunken, umgeben von Stapeln von Büchern und Zeitschriften, zwischen deren Seiten gelbe Sticker hervorschauten.

Gleich meinen Vater herzubitten ging wohl ein bisschen weit, aber ich hielt den Mund. Es könnte auch amüsant werden, überlegte ich, zu erleben, wie sich dieses kleine Drama entfaltet.

»Mr Lane«, begann O'Neil, die sich nun wieder ganz im Griff hatte, »wir haben Sie hergebeten, weil wir der Ansicht sind, dass wir es mit einem ernsten Problem zu tun haben.«

Sie legte eine dramatische Pause ein, um die Spannung zu steigern. Allmählich machte sich die penetrant riechende Anwesenheit von

Jenkins bemerkbar. Er betrachtete weiterhin seine Fingernägel. Mein Vater schlug die Beine übereinander und spielte an seinem Schuh herum.

O'Neil nahm eine Diskette aus der Schreibtischschublade und legte sie auf die Tischfläche, als sei sie der blutige Dolch von Macbeth. Mit einem Kopfnicken in Richtung ihres Notebooks am Rand des Schreibtischs sagte sie:»Ich möchte gerne, dass Sie sich das Material ansehen, das sich Ihr Sohn heute Nachmittag aus dem Internet geholt hat, als er eigentlich ... was war das für eine Stunde heute, Mr Jenkins?«

»Äh, Wetterkarten«, erwiderte Jenkins gewichtig. »Über Satellit.« O'Neil steckte die Diskette in den Laptop und drehte ihn so, dass Dad den Bildschirm sehen konnte. Langsam scrollte sie durch die Seiten und ließ ihm genügend Zeit, sich ein Bild zu machen.

Die erste Seite zeigte das Titelblatt eines Pamphlets mit dem Titel *Die jüdische Verschwörung: Die Wahrheit drängt ans Licht!!!* von Ernst Krupp.

»Passender Name«, murmelte mein Vater, was ihm einen verständnislosen Blick von O'Neil eintrug. Ich hatte auch keine Ahnung, was er meinte, aber ich war seine rätselhaften Bemerkungen gewohnt, wenn ihn etwas sehr beschäftigte.

Als Nächstes erschien auf dem Bildschirm das Foto eines Mannes mittleren Alters mit dichtem, grauem Haar und gerötetem Gesicht. Er trug eine Art Militärmütze mit einem Emblem drauf und stand im Mittelpunkt einer kleinen Menschenansammlung. Jemand hielt ihm ein Megaphon vor den weit aufgerissenen Mund. Es war Sommer und das Gerichtsgebäude hinter ihm war fast ganz von Bäumen verdeckt. *Mr Krupp packt in seiner Verhandlung aus*, stand in der Bildunterschrift. Die folgenden, eng bedruckten Seiten hatten die Titelzeile: *Die Lügen über den Holocaust, der niemals stattgefunden hat!*

»Sie verstehen, worum es geht«, sagte O'Neil, ließ die Diskette herausschnappen und schaltete den Laptop aus. Dann klappte sie energisch den Deckel zu.

»Miss O'Neil, ich verstehe eigentlich nicht ganz, warum Sie mich von der Arbeit weggeholt haben«, sagte mein Vater ruhig. »Am Telefon sagten Sie etwas davon, dass Matt den Benutzervertrag für den Computer gebrochen hat ...«

O'Neil wirkte irgendwie aus der Fassung gebracht, weil Dad keinen Wutanfall mit Schaum vor dem Mund bekommen hatte, als er das Zeug sah, das ich runtergeladen hatte. »Ja, richtig. Wir bitten alle Schüler, einen Vertrag zu unterzeichnen, ehe sie ein Passwort und einen Zugang zum Netz bekommen. Der Vertrag verlangt ...«

»Das ist mir bekannt. Wir halten es an der Universität genauso.«

»Aha. Dann stimmen Sie wohl auch mit unserer Vorschrift überein, die den Zugriff auf obszöne und Menschen verachtende Information betrifft. Matt hat dieses ... dieses *Material* unerlaubt kopiert. Es handelt sich eindeutig um neonazistischen Schund. Da stimmen Sie mir doch zu?«

»Sicher.«

»Offen gestanden, Mr Lane, wir sind immer beunruhigt, wenn uns so etwas auffällt. Abgesehen von Matts eigener Meinung« – sie spuckte die Worte wie einen ungenießbaren Bissen Fleisch aus –, »auf die er wohl ein Recht hat, muss ich jedoch an den Ruf der Schule denken. Ich will nicht, dass die Allgemeinheit glaubt, dass solche Hasspamphlete hier aus diesem Gebäude stammen.«

Dads Stimme war immer noch ruhig und sachlich, ein Zeichen dafür, dass er allmählich ärgerlich wurde. »Ist Matt eigentlich befragt worden, warum er sich für diese Literatur interessierte?«

»Ich hab's für dich rausgesucht, Dad.«

Schweigen. Jenkins und O'Neil starrten meinen Vater durchdringend an. Wahrscheinlich hielten sie ihn für einen gealterten Skinhead, der seinen Sohn im Sinne seiner schändlichen Machenschaften beeinflusst hatte.

»Das hab ich mir schon gedacht«, sagte Dad. Er wandte sich mir zu und auf seinem Gesicht erschien ein Ausdruck, als wollte er sagen: Warum musstest du mich in diesen Schlamassel reinziehen? »Das hättest du nicht tun sollen, Matt. Ich weiß es zu schätzen, versteh mich nicht falsch. Aber nun verlierst du deine Zulassung.«

»Verstehe ich die Lage richtig?«, unterbrach O'Neil mit Funken sprühenden Augen und eisiger Stimme. »Ihr Sohn hat sich für Sie den Zugriff auf faschistische Hasspamphlete verschafft und Sie haben nichts dagegen? Einen Haufen antisemitischer ...«

»Ich bin Jude, Miss O'Neil«, sagte Dad.

Zum zweiten Mal herrschte Schweigen und O'Neils Unterkiefer sackte herunter. Jenkins sah aus, als habe er einen schmerzhaften Anfall von Blähungen. Er fing wieder an, seine Hände zu studieren.

»Aber ...«, platzte die Direktorin hervor und man konnte ihr praktisch vom Gesicht ablesen, was sie sagen wollte: *Sie sehen aber gar nicht jüdisch aus.* Man konnte sehen, wie sie unter ihrem Make-up rot wurde.

Dad bedachte sie mit einem kurzen diplomatischen Lächeln. »Miss O'Neil, ich bin Dozent an der Universität. Mein Spezialgebiet ist zeitgenössische Sozialgeschichte – was eine Art Widerspruch in sich selbst ist, ich weiß. Matt hat wohl gehofft, dass er Material mitbringen kann, von dem er annahm, dass es mich interessiert. Ich kann Ihnen versichern, dass er genauso Anstoß daran nimmt wie Sie.«

»Nun, ich verstehe ...«

»Verzeihen Sie mir die Bemerkung«, fuhr Dad fort, »aber wenn Matt einfach gefragt worden wäre, was er damit vorhat, dann hätte dieses Missverständnis vermieden werden können.«

»Tja.« O'Neil schleuderte Jenkins, der jetzt an seiner Krawatte herumfummelte, einen vernichtenden Blick zu. »Da haben Sie allerdings Recht. Tut mir Leid, dass wir Sie herbemüht haben.« Sie richtete sich in ihrem Stuhl auf und räusperte sich. »Unter den gegebenen Umständen werden wir Matts Verstoß übersehen und seinen Zugang wieder möglich machen.«

Mein Vater erhob sich aus seinem Stuhl. »Das ist nicht nötig. Matt hat die Vorschriften missachtet, daher sollte er wie alle anderen behandelt werden.«

Dad schüttelte der Direktorin und Jenkins wieder die Hand und verließ das Rektorat. Ich folgte ihm hinaus. Er verabschiedete sich flüchtig und steuerte auf den Parkplatz zu.

Während dieses gesamten lächerlichen Einakters war ich mir wie ein Möbelstück vorgekommen. Aber daran war ich gewöhnt: außen vor zu stehen. Das war nichts Neues.

3

Meine Mutter liebte alles, was wuchs und gedieh – außer mir, hatte ich manchmal das Gefühl – und mein Vater liebte meine Mutter. Wenn man diese beiden Tatsachen addierte, resultierte aus dieser seltsamen Gleichung, dass ich mit einer Schaufel in der Hand und mit einer Aufgabe dastand. Die Hinterlassenschaften des Hundes unseres Vorbesitzers an das Ökosystem unseres Gartens waren vor ein paar Tagen eingesammelt und vergraben worden – von mir, versteht sich. Nun marschierte ich gehorsam an die Stelle, die Mom an der linken Seite des Gartens neben dem Holzzaun ausgesucht hatte, wo das Gelände sich langsam zum Fluss hinunterneigte. Dort fing ich an, Löcher für drei Fliederbüsche zu graben. Mom hatte mir sehr genaue Anweisungen gegeben, wie tief und wie weit voneinander entfernt der Aushub sein sollte.

»Bereite du den Boden vor«, hatte sie gesagt, »und ich pflanze dann den Flieder ein – einen weißen und zwei in Lila.«

»Darf ich dann später den Lieferwagen haben?«

»Wenn Dad und ich nach Hause kommen.«

Als es Mittag wurde, hatte ich ein Loch ausgehoben, eine Schubkarre voll mit verschieden großen Steinen gesammelt, mir an der linken Handfläche eine Blase geholt und zweimal den Spaten in den Fuß gerammt. Zeit für eine Pause. Ich streckte meinen krummen Rücken, stapfte schwerfällig aufs Haus zu, wobei ich immer noch auf verdautes Hundefutter Acht gab, und ging in die Küche. Dort öffnete ich eine Dose mit Eistee und machte mir ein megamäßiges Sandwich aus Roggenbrot, kaltem Braten, Käse, Peperoni, Mayonnaise und Senf. Ich kauerte auf einem Hocker an der Anrichte, starrte kauend aus dem Küchenfenster und betrachtete stolz das Ergebnis meiner Arbeit. Über dem rasch dahinfließenden Grand River war der Himmel klar und eine leichte Brise bewegte die Zedern.

Gegen Mitte des Nachmittags hatte ich eine zweite Grube ausgehoben und noch eine Schubkarre voller Steine zum Ufer runtergeschoben, wobei ich ein Entenpaar aufscheuchte, das sich friedlich von der Strömung hatte dahintragen lassen. Das dritte und letzte Loch ließ sich auf die ersten fünfzig Zentimeter leicht an. Dann stieß der Spaten auf einen Stein. Ich grub um das Hindernis herum, wuchtete es heraus und warf es in die Schubkarre. Im Gegensatz zu den anderen Steinen sah der Brocken rußig und schwarz verkohlt aus und war überkrustet mit feuchtem, bröckeligem Mörtel. Das nächste halbe Dutzend Steine desgleichen. Jemand musste hier wohl eine Feuerstelle angelegt haben, dachte ich. Wer immer es auch gewesen sein mochte, ich verfluchte ihn wegen seines rücksichtslosen Verhaltens. Ich schaufelte den losen Dreck aus dem Loch und beschloss, noch etwa fünfzehn Zentimeter tiefer zu graben, die Grube noch ein bisschen breiter zu machen und dann aufzuhören. Ich stieß den Spaten in die Erde, trat mit vollem Gewicht auf die Kante und hörte, wie es knirschte, als der Spatenrand auf etwas Hartes traf. Noch ein Steinbrocken, dachte ich. Die Wand der Schubkarre gab einen blechernen Ton von sich, als ich ihn hineinwarf, aber es war kein Stein.

Der verkrustete Dreck ließ sich unter dem Druck meiner Hände mühelos entfernen. Ich trug das schwere Ding zum Haus und wusch es mit dem Gartenschlauch ab. Der restliche Dreck löste sich und die Schneide einer Axt kam zum Vorschein. Sie war stark verrostet und der Stiel schien schon vor langer Zeit verrottet zu sein. Die Schneide war stumpf und abgeschliffen. Als Stadtjunge hatte ich nicht viel mit Äxten zu tun gehabt, aber die ungewöhnliche Form sagte mir, dass diese hier sehr, sehr alt sein musste. Ich wendete sie ein paar Mal in den Händen, dann legte ich sie auf dem Weg zurück an der Küchentür ab. Damit war der Tag zwar immer noch ein ziemlicher Misserfolg, aber wenigstens kein totaler mehr. Mein nächster Spatenstich brachte einen dumpfen Laut hervor. Was nun schon wieder? Ich kniete mich hin und stieß auf ein dreieckiges Stück Holz, das auf einer Seite glänzte. Mit der Hand schaufelte ich die Erde weg und die Ecke einer Art Kiste kam zum Vorschein.

Es folgte eine halbe Stunde mühevollen Grabens. Mit jeder Hand voll Erde, die ich entfernte, wuchs meine Neugier. Schließlich konnte ich die Kiste aus dem Loch heben – vorsichtig, denn das Holz war so weich und morsch, dass sie mir in den Händen fast auseinander brach. Sie hatte ungefähr die Größe einer Schuhschachtel. Die Ecken waren mit Zapfen verbunden. Meine vorsichtigen Versuche, den Deckel aufzustemmen, blieben erfolglos. Ich lief zum Haus und kam mit einem Küchenmesser zurück. Die Schmerzen in meinem Rücken waren vergessen. Mit der Klinge fuhr ich den dreckverkrusteten Spalt zwischen dem Deckel und den Seitenwänden der Kiste entlang und entfernte die Erde, und schließlich löste sich der Deckel.

Mein Puls ging schneller, als ich hineinsah. Auf dem Boden der Kiste lagen zwei Rollen aus Leder, die wohl einmal weiß gewesen sein mussten, jetzt aber fleckig und vergilbt waren. Ich versuchte, eine davon auseinander zu rollen, aber das Leder fing zu reißen und zu brechen an. Ich legte die zwei Rollen ins Gras.

Eingewickelt in uraltes, öliges Material, das ich zuerst für Stoff hielt, das sich dann aber als eingefettetes Leder herausstellte, fand ich zwei C-förmige, rostige Eisen, die aus einer runden Metallstange von ungefähr anderthalb Zentimeter Durchmesser geformt waren. Ein Ende von jedem C war so zurückgebogen, dass sich jeweils eine kleine Öse bildete. Die Ösen waren verbunden, sodass die beiden Stücke locker aneinander hingen. An den anderen Enden der C-förmigen Eisen befanden sich längliche, rechteckige Ösen.

16

Wenn man die beiden C-Eisen zusammenfügte, ergab sich daraus ein Kreis mit einem Durchmesser von ungefähr zwanzig Zentimetern. Ich hatte keine Ahnung, was ich da in Händen hielt.

In einer Ecke der Kiste lag ein kleiner Lederbeutel, der mit einer Lederkordel fest zugezogen war. Das Material riss wie nasses Papier, als ich es aufzog, und ein Klümpchen von der Größe der Fingerkuppe meines kleinen Fingers fiel in das Loch. Ich hob das ›Nugget‹ auf und ließ es auf der Handfläche hüpfen. Es war bronzefarben, schwer und hart – irgendein Metall, das zu einer kleinen Kugel gegossen war.

Ob es wohl …? Dann lachte ich mich aus. Was war ich doch für ein hoffnungsloser Fall: Eine unbrauchbare alte Kiste mit komischem Zeug darin hatte mein Interesse geweckt. Das Leben in einem öden Dorf hatte mich so gelangweilt, dass mir als kleine Abwechslung alles recht war.

In dem Moment hörte ich, dass unser Lieferwagen die Einfahrt heraufkam. Der Motor heulte auf und erstarb. Eine Tür wurde geöffnet und zugeschlagen, dann noch eine. Ich ließ das Nugget in die Kiste fallen, legte die Rollen und die beiden Eisen wieder hinein, nahm die Kiste und ging schnell in die Küche. Während ich vorsichtig eine Plastiktüte vom Supermarkt über meinen ›vergrabenen Schatz‹ streifte, hörte ich, dass die Haustür geöffnet wurde. Ich rannte nach oben in mein Zimmer und schob die Tüte unter mein Bett.

Dad stand unten an der Treppe.

»Hi, Matt. Was macht das Graben?«

Mom stellte zwei überquellende Tüten auf den Küchentisch, auf denen *Fergus Baumschule* stand. »Mein Sohn, der Anthropologe«, sagte sie.

»Du meinst wohl Archäologe.«

»Was auch immer.«

4

Wahrscheinlich aus schlechtem Gewissen, weil ich vergangene Woche in der Schule seinetwegen Ärger gehabt hatte, gab mir Dad abends nach dem Essen den Lieferwagen, ohne dass ich diesmal heftig betteln musste und ohne seine üblichen lahmen Ausreden. Der Lieferwagen war eigentlich ein drei Jahre alter Fünfgang-Toyota-Pickup mit aufsetzbarem Verdeck, klein, ohne Komfort und in jeder Beziehung die Einfachst-Ausführung. Kaum war ich außer Hörweite des Hauses, schob ich eine alte PUBB-Kassette (die *Praktisch Unbekannte Blues Band*) in das Kassettenfach, drehte auf und fuhr in Richtung Stadt. Musik dröhnte aus den Lautsprechern und warme Frühlingsluft strömte zum Fenster herein. Ich klappte die Blende herunter, um die schrägen Sonnenstrahlen abzuhalten, und rollte die Hauptstraße von Fergus entlang. Ein paar Kids hingen vor dem Rhett-Butler-Restaurant herum oder saßen auf den Stufen vor der alten Backstein-Bücherei, rauchten und waren den Leuten im Weg.

Ein Wimpernschlag und ich hatte den Ort hinter mir gelassen. Ich fuhr auf einer zweispurigen Straße in westlicher Richtung weiter. Sie hieß City-Road 18 und war ein sichtlicher Beweis dafür, dass die Gründer der Stadt – laut Tafel allesamt schottischer Abstammung – mit ihrer Phantasie am Ende gewesen waren, nachdem sie alle Namen von Königen, Königinnen und Heiligen für Straßenbezeichnungen aufgebraucht hatten. Schon bald kam ich nach Elora, wo noch weniger los war als in Fergus, falls das überhaupt möglich war. Hier folgte ich den Wegweisern nach Elora Gorge Park.

Unter den kahlen Bäumen waren Picknicktische gestapelt und aneinander gekettet. Verrostete Grillgitter warteten leer und kalt auf wärmeres Wetter, mit dem auch wieder Ausflügler kommen würden. Über schmale Kieswege fuhr ich durch den Park, bis ich neben ein paar immergrünen Büschen zwei geparkte Autos entdeckte. Fünf Jugendliche standen um ein Feuer, drei Jungs und zwei Mädchen, alle mit dem Rücken zu mir. Zwei davon kannte ich aus dem Geografiekurs von Jenkins. Ich stellte das Radio leiser und hielt an.

»Hi, Colin«, rief ich hinüber.

Er war ein hoch gewachsener, schlaksiger blonder Junge mit schlimmer Akne. In der Schule hieß es, er sei der beste Sprungwerfer der Basketball-Mannschaft. Ich kannte ihn kaum.

»Hey, Matt«, rief er zurück. »Wie geht's?«

»Super.«

Jemand sagte etwas, das ich nicht verstehen konnte, und ein paar von ihnen lachten. Eines der Mädchen drehte sich um. Es war Jen. Sie saß in unserem Stammklassenzimmer hinter mir und hatte mich am ersten Tag herumgeführt, und als sie schließlich gegangen war, um an einem anderen Kurs als ich teilzunehmen, hatte ich mich praktisch schon in sie verliebt. Sie war stabil gebaut und hatte ein offenes, freundliches Gesicht, das von dichtem, rotbraunem Haar umrahmt war. Ihre Augen waren dunkelbraun, ihr Blick direkt und ehrlich. Jen unterschied sich himmelweit von den üblichen gezierten Augenklimperinnen oder den lauten Sabbertaschen, die meinten, so reden zu müssen – oder gar, sich so anziehen zu müssen – wie ein Brummifahrer, um überhaupt ernst genommen zu werden. Jen schien aus der Reihe zu tanzen, eine eigenständige Person zu sein. Ich hatte gehofft, sie hier zu treffen, weil sie einmal erwähnt hatte, dass sie und ein paar ihrer Freunde öfters in den Park kamen.

Die zwei Jungen, die bei Colin standen, kannte ich nicht, aber aus ihren blauen Sweatshirts mit Nummern, die sie trotz des kühlen Wetters trugen, schloss ich, dass auch sie Basketballspieler waren.

»He, Mann, hast du Bier dabei?«, rief einer von ihnen.

Das zweite Mädchen hatte sich noch nicht umgedreht, daher wusste ich nicht, ob ich sie kannte.

»Nein, aber ich kann welches besorgen«, sagte ich ohne zu denken.

Die zwei mit den Sweatshirts stießen ein lautes Triumphgeschrei aus, das sich halb beifällig und halb verächtlich anhörte. »Na, dann mal los!«

»Bis in ein paar Minuten«, sagte ich und warf den Wagen wieder an. Der Kies spritzte, als ich rausfuhr und sie im Rückspiegel beobachtete. Vier von ihnen wandten sich sofort wieder ihrem Gespräch zu. Jen sah mir nach. Ein viel versprechendes Zeichen, wie ich hoffte.

Das passierte mir leider öfter, dass mein Mundwerk schneller war als mein Kopf. Nach dem ersten Wärmeschauer, der mich überlief, weil ich mir einbildete, sie würden mich an ihrer Party teilnehmen lassen, musste ich meine angeberische Behauptung jetzt erst mal wahr machen. Dabei mochte ich nicht mal Bier. Mein Vater allerdings schon, gelegentlich. Ich fuhr heim, in der Hoffnung, dass er einen Vorrat in dem Ausweichkühlschrank in der Garage gehortet hatte und dass ich ein paar Dosen klauen konnte, ohne dass meine Eltern hörten, dass ich noch mal zurückgekommen war.

Zwanzig Minuten später trudelte ich wieder im Park ein. Ein Zwölferkasten Molson-Bier stand neben mir auf dem Beifahrersitz. Die Party war in Gang gekommen. Die Türen der beiden Autos waren weit aufgerissen, jedes der zwei Radios hatte denselben Rock-Sender eingestellt und fünf Stimmen grölten mit der stampfenden Musik um die Wette. Das Feuer loderte. Ich parkte den Wagen und schlenderte lässig mit der Kiste Bierdosen auf die Gruppe zu.

»Ah, der Rettungsengel!«, krähte Colin. »Diesmal hat er die Eintrittskarte dabei.«

Ich stellte den Kasten auf die Motorhaube des einen Autos. »Greift zu«, lud ich sie ein.

Colin und einer der anderen, groß, knochendürr und sommersprossig, bedienten sich und murmelten: »Vielen Dank, Mann!« Sie gingen ein Stück weiter und fingen an, einen Fußball hin und her zu kicken, nachdem sie ihre Bierdosen abgestellt hatten. Ich brachte vier Dosen zur Feuerstelle.

Der dritte Junge trug einen Schulblazer über seinem Sweatshirt, dazu eine kurze Sporthose aus Flanell und Turnschuhe, die nicht zugeschnürt waren. Er war kleiner und stämmiger als die anderen beiden, hatte schwarzes Haar und eine Nase, die ihm wahrscheinlich schon viele gemeine Bemerkungen eingebracht hatte. Das Mädchen verzog ihr Gesicht zu einer finsteren Grimasse und hatte die Schultern unter dem unförmigen Pullover hochgezogen, als würde sie schrecklich frieren.

»Hi, Jen«, sagte ich und reichte die Bierdosen herum.

»Hi, Matt. Das hier ist Dave.«

Wir schüttelten uns die Hände. Er hatte einen Griff wie ein Schraubstock und drückte mir die Hand so fest er konnte – pubertäres Jungengehabe, das mich innerlich immer amüsierte. Ich machte meine Hand ganz schlaff und rollte die Finger zusammen, ein Trick, den ich vor langer Zeit gelernt hatte. Dave grinste hämisch.

»Und das hier ist meine Cousine Kirsten«, fuhr Jen fort. »Sie kommt aus Detroit und ist ein paar Tage bei uns zu Besuch.«

Kirsten war größer als Jen, hatte aschblondes Haar, dem man kaum ansah, dass es gebleicht war, und sie war stark geschminkt. Ihr Nasenstecker blinkte im Licht der Dämmerung.

Ich ließ meine Bierdose aufknallen. Eine Schaumfontäne ergoss sich über meine Hand. Cool hingekriegt, Matt, dachte ich.

»Hi, Kirsten«, sagte ich. »Und, wie sind die Dinge in Detroit?«

Sie sah mich direkt an. »Weiß«, sagte sie abfällig und wandte den Blick ab.

Mir blieb die Luft weg, als hätte sie mir einen Hieb in die Magengrube versetzt.

Dave stieß ein abschätziges Gackern hervor. Jen schlug die Hand auf den Mund und versuchte vergebens, ein Kichern zu unterdrücken, während ihre Augen vor Überraschung groß wie Untertassen wurden.

Ich spürte, wie mich die Wut befiel und ich zu beben begann. Mein Puls wurde schneller und ich schluckte. Eine weiße Schaumfontäne schoss empor, als meine Bierdose auf den Boden knallte.

Ich drehte mich um, ging langsam zum Wagen und spürte ihre Blicke über meinen Rücken kriechen, als ich die Tür öffnete und einstieg. Ich startete den Motor, legte den Gang ein und fuhr davon.

Es gibt alle möglichen Ausdrücke, um jemanden wie mich zu beschreiben, und jeder einzelne stinkt mir. Ich bin ›von gemischtrassischer Abstammung‹, ein Mischling, eine Legierung, eine Abart, eine Bei-, Unter- oder Vermischung; eine Kreuzung oder ein Halbschwarzer; ein Mestize, Kreole, doppelter Viertelneger oder ein vierfacher Achtelneger. Oder wie wär's mit Mulatte? Das ist ein spanisches Wort und bedeutet Maultier – zum Henker –, halb Pferd und halb Esel und nicht fortpflanzungsfähig. Ich bin das Ergebnis von ›Rassenmischung‹ (hört sich an wie ein Begriff aus der Hundezucht, nicht wie die Vereinigung ›zweier Personen unterschiedlicher Hautfarbe‹). In meinem Fall die eines Juden und einer Schwarzen. Aber ich sehe nicht aus wie ein jüdischer Schwarzer oder ein schwarzer Jude. Ich seh wie ein Schwarzer aus. Ich bin durchschnittlich groß, durchschnittlich gebaut, trage mein krauses Haar ganz kurz und habe eine sehr dunkle Hautfarbe. Von wegen Identitätskrise.

Als mir Jens Cousine aus Detroit ihre fiese Bemerkung entgegenschleuderte, war ich zwar geschockt, aber nicht überrascht. Da ich in Toronto aufgewachsen war, war ich mit solchen rassistischen Beleidigungen vertraut, die sich Menschen unterschiedlicher Abstammung gegenseitig an den Kopf warfen. Da gab es keine Ausnahme. Meine alte Schule in der Innenstadt war im Laufe der Jahre erweitert worden und bestand zuletzt aus drei Flügeln mit drei separaten Eingangsbereichen: Flügel A ›gehörte‹ den Schwarzen, B den Weißen und C den Braunen – Kindern, die von Pakistanis, Indern oder Sikhs abstammten –, und es war nicht klug, zum falschen Zeitpunkt am falschen Ort aufzukreuzen oder beim Betreten der Schule den falschen Eingang zu benutzen.

Die Schulverwaltung hatte es längst aufgegeben, die Grabenkriege zu unterbinden, und die Schulschränke wurden ganz gezielt entsprechend der Hautfarbe zugeteilt. Es gab ein ›Rassenkomitee‹ – cooler Name, was? –, das aus Lehrern und Schülern bestand, und dauernd fanden Sitzungen statt, die ziemlich wenig brachten. Die ganze Angelegenheit war oberdämlich. Während des Unterrichts

22

waren die ungeschriebenen Gesetze aufgehoben, nach denen die Schule in unterschiedliche Reviere aufgeteilt war, und wir konnten uns alle frei bewegen, während wir von Biologie in Englisch, in Mathe, zum Kiosk oder ins Materiallager latschten. Aber vor und nach dem Unterricht und in der Mittagspause war jedes Territorium von unsichtbaren Grenzen umgeben. Selbst die Durchgänge wurden wie Schlagbäume bewacht und keiner, einschließlich vieler Lehrer, wagte es, die sicheren Zonen zu verlassen. Das System funktionierte tatsächlich. Es gab zwar Prügeleien, aber nicht sehr häufig. Mir kam es so vor, als ob die Weißen, Braunen und Schwarzen in einer spannungsgeladenen Koexistenz lebten, während sich die asiatischen Mitschüler um ihre eigenen Angelegenheiten kümmerten und sich allein darauf konzentrierten, die Leistungen der anderen zu übertrumpfen.

Das Einzige, und zwar das Allereinzige, was ich hier an meiner neuen Schule mochte – und das klingt jetzt vielleicht verrückt –, war die Tatsache, dass fast alle Schüler Weiße waren – mit Nachnamen wie McClintock und Stewart, Carroll und Stanhope. Die versammelten Gesichter bei der Morgenandacht sahen aus wie ein Topf voller H-Milch. Obwohl ich erst seit kurzer Zeit hier war, hatte ich keinerlei Schwierigkeiten gehabt. Ich konnte schon fast frei durchatmen. Bis Jens Cousine mich wachrief.

Mit stark überhöhter Geschwindigkeit raste ich heim.

5

Meine Eltern lernten sich kennen, als meine Mutter gerade ihre ersten Auftritte hatte und bei einem Bluesfestival an der Universität von Toronto spielte. Dad studierte dort und war einer der Organisatoren der Veranstaltung, obwohl er von Musik eigentlich nicht viel verstand. Danach sahen sie sich regelmäßig. Mom begriff allmählich, was sie da für einen komischen Vogel gefangen hatte, als Dad sechs Monate später in Ottawa auftauchte, vor ihrem Fenster im heftigsten Schneegestöber Liebeslieder schmetterte und nicht verschwinden wollte, bevor sie ihm versprochen hatte, ihn zu heiraten.

»Er hat völlig falsch gesungen, Ohrwürmer aus Musicals, wie man sie auf den eher altbackenen Radiosendern hört«, erzählte mir Mom einmal. »Ich hab eingewilligt, nur damit er aufhört.«

Trotz gegenteiliger Ansicht meines Vaters war meine Mutter keine Schönheit. Ihre Nase, die ich Glückspilz geerbt habe, war etwas zu hervortretend und breit geraten, die geschwungenen Nasenlöcher zu groß. Aber sie war trotzdem hübsch, hatte eine makellose schwarze Samthaut, große Augen und eine tiefe, honigweiche Stimme. Sie war recht groß und schmal und hatte schlanke Finger, die vom Gitarre spielen jedoch kräftig wie aus Draht waren. Und immer, immer trug sie ein Paar großer, goldener Ringe im Ohr.

Und Dad, na ja, *gewöhnlich* ist für ihn wohl der geeignetste Ausdruck. Er hatte die Statur eines Ex-Sportlers, schwarze Locken und braune Augen.

»Ich traf mich mit einer Menge sehr intelligenter Jungs«, hatte Mom mir erzählt, »und kannte auch ein paar Männer, die lieb und nett waren, aber Dad war der Einzige, bei dem alles zusammenkam.«

Hautfarbe und Rasse waren für Mom und Dad offensichtlich kein Thema. Mein Vater machte kein Aufhebens von seinem Judentum. Er ging nicht zur Synagoge und kam auch nie mit dem Vorschlag, dass Mom oder ich hingehen sollten. Er schien sich wohl nicht sehr um die Gesetze des Talmud zu kümmern und allein der Gedanke an koscheres Essen kam ihm lachhaft vor. Was immerhin ein paar interessante Auseinandersetzungen im Haus meiner Großeltern zur Folge hatte.

Ich kann mich nicht erinnern, wie alt ich war, als ich ihn fragte: »Bin ich ein Jude, Dad?«

»Na ja, so was in der Art«, sagte er. »Möchtest du einer sein?«

»Ja.«

»Okay, dann bist du ein Jude.«

Was Mom anging, so wurde sie echt sauer, wenn man ihr das Etikett verpasste: »Eine der besten schwarzen Künstlerinnen Kanadas.«

Sie mochte es nicht, wenn man Jazz und Blues als schwarze Musik bezeichnete. »Was soll denn Bill Evans dazu sagen?«, fragte sie dann. »Und Benny Goodman würde sich auch ganz schön wundern.«

Sie lernten sich kennen, heirateten und brachten mich zur Welt. Für sie war das alles kein Problem, das war wenigstens mein Eindruck, als ich alt genug war, darüber nachzudenken. Sie hatten das Problem einfach ignoriert und es an ihren kleinen Jungen weitergereicht.

Wenn sich jemand nicht wirklich gut mit Blues auskannte, musste er nicht unbedingt von meiner Mutter gehört haben: von Etta Lane, die eine kleine, aber treue Anhängerschaft in Kanada und den USA hatte. Ein harter Kern, der stundenlang in dunklen Clubs rumhängen konnte. Sie lauschten ihr, wie sie einer akustischen Gitarre den Blues entlockte und mit ihrer tiefen, sanften Stimme dazu sang. So weit ich zurückdenken konnte, versuchte sie, mir ihre Kunst beizubringen. Inzwischen war ich gut genug, um sie manchmal zu begleiten. Sie war ziemlich häufig von zu Hause weg und trat so oft auf, wie es ihr möglich war. Ein Jahr vor unserem Umzug wurde ein Lied, das sie aufgenommen hatte, *South on 61*, sehr oft im Radio gespielt und brachte ihr ein paar Dollar ein, die es ihr und Dad ermöglichten, das neue Haus zu kaufen und aus der Stadt wegzuziehen. Es handelte von einer Frau, die in der Kälte eines Ghettos lebte und eines Tages beschloss, sich in den Süden aufzumachen und nach ihren Wurzeln im Mississippi-Delta zu suchen. In den späten Vierzigern und den Fünfzigern kehrten Tausende und Abertausende von Schwarzen den abgewirtschafteten Plantagen, auf denen sie seit Generationen als Kleinpächter gearbeitet hatten, den Rücken und reisten über den Highway 61 auf der Suche nach Jobs in die Städte des Nordens. Es war eine der größten Völkerwanderungen in der Geschichte der Menschheit.

Moms Lied war jedoch eher ironisch oder vielleicht eine Art Tagtraum, denn sie hatte mir schon unzählige Male versichert, dass sie niemals ›zurückkehren‹ würde in die kleine Stadt, in der ihre Familie gelebt hatte, ehe sie ebenfalls nach Chicago gezogen war, und in der sie dann geboren wurde. Meine Großmutter starb, als Mom drei war, und mein Großvater ging zurück in den Süden, nachdem er von der Fabrik für Autoteile, wo er arbeitete, in Rente geschickt worden war. Mom hatte ihn nicht mehr besucht, seit sie nach Kanada gekommen war. Man hatte mir nie gesagt, warum. Ich hatte nie ein Bild von ihm zu sehen bekommen oder gar seine Stimme gehört. Mir war es immer so vorgekommen, als fehle mir etwas, weil ich keine Verbindung zum amerikanischen Teil meiner Familie hatte.

»Hab ich da unten Vettern und Cousinen?«, fragte ich sie einmal.

»Ja.«

»Tanten und Onkel, die ganze Sippschaft?«

»Na ja, sonst hättest du wohl keine Vettern und Cousinen, Matt«, erwiderte sie gereizt.

»Warum besuchen wir sie nicht mal? Warum kriegen wir von ihnen keine Weihnachts- oder Chanukka-Karten?* Oder schicken ihnen welche? Wieso …«

»Geh raus zum Spielen, Naseweis. Mom muss arbeiten.« Und sie nahm ihre zwölfsaitige Gitarre und verjagte mich mit aufdringlichen, komplizierten Jazzakkorden. Familie war einfach kein Thema für Mom – niemals.

6

Meine Großeltern wohnten in einem baufälligen zweistöckigen Haus mit einer großen verglasten Veranda nach hinten raus. Es stand in einer stillen, baumgesäumten Straße am westlichen Rand der Stadt. Sie hatten das Haus gekauft, als sie jung waren. Das muss lange her sein – denn Grandma behauptete immer, es sei das

---

* Chanukka: Jüdisches Fest in der zweiten Dezemberhälfte zum Gedenken an den Aufstand der Makkabäer gegen die seleukidische Fremdherrschaft 161 v. Chr.

einzige Haus in der Straße gewesen, umgeben von Streuobstwiesen. Im Lauf der Jahre war die Stadt herangekrochen und hatte es schließlich umzingelt.

Grandpa Lane war Taxifahrer gewesen, seit er und meine Großmutter von Winnipeg nach Toronto gezogen waren. Nachdem sie einige Jahre lang das Geld zusammengekratzt und gespart hatten, kauften sie sich eine gebrauchte Funkanlage, stellten noch einen anderen Typen ein, der sein eigenes Auto fuhr, und nannten sich fortan die *Shoreline Taxi Company,* ein etwas seltsamer Name, denn ihr Haus lag mindestens eine halbe Meile vom Ufer des Ontario-Sees weg. Grandma bediente die Funkanlage, mit deren Knacken und Störungsgeräuschen in den Ohren Dad aufgewachsen war. Als sie in Rente gingen, waren sie Besitzer von ein paar Doppelhäusern, und Grandpa machte es Spaß, sich um diese zu kümmern und sie in Schuss zu halten.

Wegen all der Jahre hinter dem Steuer waren Grandpas Ansichten in Bezug auf Autos eindeutig und er ließ sich keine Gelegenheit entgehen, sie vorzutragen.

»Ich weiß sowieso nicht, warum ihr überhaupt einen Pickup-Lieferwagen gekauft habt«, rief er Dad schon von der Türschwelle her zu und schüttelte den Kopf mit spöttischer Verwunderung. »Und auch noch so ein mickriges ausländisches Modell, in dem du in der Fahrerkabine kaum Platz hast für dich und den Proviant, von deiner Frau und deinem Sohn ganz zu schweigen. Und wenn der noch größer wird, dann passt er nicht mal mehr hinten in den Kasten!«

»Hi, Dad!«, erwiderte mein Vater, schüttelte den Kopf und stieg aus. Ich kletterte auf der anderen Seite raus und Mom rutschte den Sitz entlang, um mir zu folgen.

»Hallo, Paul«, rief sie von der Auffahrt hinüber, »hi, Mae!«

»Was heißt da ›Hallo‹?!«, donnerte Großvater zurück. »Komm schon her und lass dich drücken!«

Grandpa war nicht groß, sondern eher stämmig und noch immer ziemlich kräftig. Er hatte sehr muskulöse Arme und breite, zupackende Hände. Als er Mom in den Arm nahm, dachte ich, er würde sie zerquetschen. Mit seinem dichten, weißen Haarschopf und der rosigen Gesichtsfarbe strahlte er Kraft und Gesundheit aus. Ganz anders Grandma. Während er wie eine Eiche unter dem Vordach stand, in seinen ausgebeulten Hosen, die von roten Hosenträgern gehalten wurden, und dem kurzärmeligen Hemd, in dessen Brusttasche seine Lesebrille steckte, überragte sie ihn um ein paar Zentimeter, war hoch aufgeschossen, grazil und sprach mit gedämpfter Stimme. Sie trug ein himmelblaues Kleid und ihr Haar war modisch kurz geschnitten.

»Schön dich zu sehen, meine Liebe«, sagte sie und nahm meine Mutter ebenfalls in den Arm. »Heute Morgen hab ich dein Highway-Lied mal wieder im Radio gehört.«

Jetzt war ich dran, zerquetscht zu werden. Grandpa brach mir fast die Rippen und Grandma küsste mich und murmelte: »Du siehst jedesmal besser aus. Wenn das so weitergeht, dann verlass ich den alten Narren hier und renn dir dafür nach.«

Ihr Haus gefiel mir. Die Möbel waren alt und die Teppiche zerschlissen, aber es war bequem und gemütlich. Und meine Großeltern besuchte ich auch gerne. Normalerweise. Aber als wir dann am Tisch saßen und jeder seine Portion Hähnchen mit Kartoffelbrei, Mais und Brokkoli bekam – ich reichte die Schüssel Brokkoli weiter, selbst nach einem mahnenden Vortrag von Grandma, wie günstig Brokkoli sich auf meine Gesundheit auswirken würden, und wies sie darauf hin, dass Dad auch nichts genommen hatte –, da fand ich heraus, dass es hier nicht nur ums Essen ging.

Die vier fielen über mich her. Es fing an mit einer Frage von Grandma, die so auffällig harmlos klang, dass bei mir die Alarmglocken losgingen.

»Wie geht's in der neuen Schule, Matthew?«

Grandpas Blick bohrte sich in mich hinein wie ein Eilzug in einen Tunnel. Mom lud sich wie nebenbei einen Klecks Kartoffelbrei auf die Gabel, führte sie aber nicht zum Mund. Dad, der Auseinandersetzungen hasste, interessierte sich auf einmal lebhaft für die Tapeten.

»Ganz okay«, antwortete ich. Lass dich auf nichts festnageln, sagte ich mir und hoffte, die bevorstehende Befragung irgendwie umgehen zu können.

»Hast du dich gut eingewöhnt?«, fragte Grandma in einem Ton, der alles andere als drängend klingen sollte. »Muss ganz schön schwer sein, auf eine neue Schule zu gehen und neue Freunde finden zu müssen.«

»Stimmt.«

Vor allem, wenn die Schule in einer Stadt liegt, die nicht größer als ein zehntklassiger Golfplatz ist und in der die Schüler über Pferde und Dünger besser Bescheid wissen als über gute Musik oder coole Klamotten.

»Und deine Noten, wie sieht's damit aus?« Grandpa, der noch nie für seine Geduld berühmt gewesen war, kam direkt zur Sache.

»Nicht so gut«, sagte ich. Mir war bewusst, dass ich mich auf eine Auseinandersetzung einließ, in der es drei gegen einen stand, und war ein bisschen sauer auf meine Eltern, dass sie mich da reingeritten hatten. Sie wussten, dass ich meine Großeltern liebte und alles für sie tun würde.

Grandpa legte Messer und Gabel nieder. Er nahm ein paar Schlucke aus seinem Wasserglas. »Hör mal, Matt«, begann er in einem Ton, den er mir gegenüber fast nie anschlug, »deine Schulbildung ist das höchste Gut, das du bekommen kannst. Ohne guten Schulabschluss hat man heutzutage überhaupt keine Chance.«

»Du bist trotzdem gut zurecht gekommen«, entgegnete ich, was mir einen finsteren Blick meiner Mutter eintrug.

»Gut zurecht? Als Taxifahrer? Mit zwölf Stunden Arbeit am Tag? Sich mit Trunkenbolden und Huren abgeben zu müssen mitten am …«

»Paul!«, rief Grandma aus.

»Schon gut, schon gut, tut mir Leid, Liebes. Aber du verstehst mich schon, Matt. Das ist doch kein Leben. So etwas kannst du nicht wollen. Du hast Grips. Du bist ein kluger Junge. Sieh dir deinen Vater an, Dozent an der Uni. Und deine Mutter, so eine gute Musikerin, die man sogar im Radio hört.«

Ich machte mir nicht die Mühe, ihn darauf hinzuweisen, dass Mom ein Jahr vor dem Abschluss abgegangen war. Er hätte mir nur erzählt, dass sie sich dafür jahrelang ihren Musikstudien gewidmet und so hart wie ein Brunnenputzer gearbeitet hatte – seine liebste und dämlichste Redewendung –, und damit hätte er auch Recht gehabt. Aber ich hielt es nicht aus, wenn er mich kritisierte. Ich kam mir vor, als hätte ich ihn enttäuscht.

»Ich weiß schon, was hier gespielt wird«, sagte ich und sah Grandma an, denn mein Großvater schaffte es jedes Mal, mich mit seinem Blick zu hypnotisieren, da brauchte es keinen Wettkampf. »Mom und Dad haben euch angestachelt, mit mir wegen meiner Noten zu schimpfen. Aber wenn ihr wissen wollt, warum ich so schlecht bin, dann fragt doch *sie*.«

Ich machte mich wütend über das Hühnerbein her und riss das Fleisch von den Knochen, während mir ihr Schweigen entgegenschlug.

»Hör mal, Matt«, fing Grandpa wieder an, nachdem ein paar Minuten vergangen waren. »Du lässt dich doch von so etwas nicht unterkriegen? Du wolltest nicht wegziehen aus der Stadt, von deinen Freunden, und nun bestrafst du deine Eltern, indem du durchrasselst? Ich behaupte nicht, dass das alles ein Honigschlecken für dich ist, okay?«

»Okay?«, wiederholte er, als ich nicht antwortete.

»Okay.«

»Gut. Also. Es ist hart für dich. Da stimme ich zu. Das wissen wir alle. Aber ich will dir eins sagen. Über die Familie deiner Mutter weiß ich nicht viel.«

Er warf Mom einen bedeutungsschwangeren Blick zu. Sie spitzte die Lippen und sah weg.

»Wir wissen nicht viel von ihnen. Schade, aber das ist 'ne andere Geschichte. Von unserer Seite her stammst du von Menschen ab, die von Fanatikern und Mördern aus ihrer Heimat vertrieben wurden. Von Rumänien nach Winnipeg – ich kann dir sagen, nicht gerade eine Erholungsreise. Aber als die Menschen hier eintrafen,

Gott segne dieses Land, da konnten sie von vorne beginnen. Und das taten sie auch. Sie gaben nicht auf. Gut, sie wurden nicht reich und kamen auch nicht an die Regierung, aber sie schufen sich eine Lebensgrundlage.«

Er versuchte, mir ein schlechtes Gewissen einzureden, als ob ich Verrat beging an dem gesamten Klan der Lazarovitchs, die sich in Lane umbenannt hatten, als sie nach Kanada kamen.

»Das ist doch nur der jüdische Schuldkomplex!«, sagte ich verärgert. Grandmas Augen blitzten auf, ihre Hand fuhr hoch, um den Mund zu bedecken, und sie lachte. Grandpas Gesicht verdüsterte sich und er deutete mit dem Finger auf mich. Doch dann lachte auch er, er warf den Kopf zurück und prustete los.

»So ein Schlaumeier«, sagte er.

»Matt, es ist nun mal passiert«, sagte Mom mit entschlossen zusammengezogenen Augenbrauen und funkelnden schwarzen Augen. »Leb damit oder lass es sein. Aber wenn du die Sache vermasselst, dann frag dich bloß nicht, wem du die Schuld zuschieben kannst.«

Auf dem Weg zurück zu unserem neuen Haus, eingeklemmt zwischen meinen schweigenden Eltern in dem elenden Pickup, sah ich aus dem Fenster. Die Häuser und Schnellstraßen machten Feldern und langen Zäunen Platz. Ich wusste, dass sich nichts ändern würde.

7

Mit ihrer Jetzt-aber-zur-Sache-Stimme ließ mich Miss Song wissen, dass sie mich nach der Stunde zu sprechen wünschte. »Eine Bestandsaufnahme tut Not«, fügte sie hinzu.

Seit dem Zwischenfall im Elora Gorge Park waren ein paar Tage vergangen. Wir hatten die ganze Geschichtsstunde damit verbracht, einen Test über den britischen Teil Nordamerikas im siebzehnten Jahrhundert zu besprechen, nicht gerade ein spannendes Thema. Zu behaupten, dass ich in dem Test schlecht abgeschnitten hatte, war milde ausgedrückt – was meinem Notendurchschnitt, mit dem es sowieso schon mies aussah, nicht gerade förderlich war. Ich konnte mir die Strafpredigt, die Song halten würde, nur zu gut vorstellen. Obwohl ich in dem Fach, das sie unterrichtete, so schlecht war, mochte ich sie. Immer in Eile und meistens zu spät dran, war sie ein geballtes Energiebündel und flatterte wie ein verrückt gewordener Spatz durch die Korridore. Ihr rabenschwarzes Haar wurde im Nacken von ein paar Wollfäden zusammengehalten. Ihre bunten Kleider hingen wie Vorhänge an ihr herunter und streiften beinahe ihre klobigen Sportschuhe aus dem Discountladen. Als Modepuppe konnte man sie wahrlich nicht bezeichnen. Aber sie wusste so viel über Geschichte, dass sie von ihren Schülern ›das Buch‹ genannt wurde.

»Komm her zu mir«, befahl sie, nachdem der letzte Schüler das Klassenzimmer verlassen und die Tür geschlossen hatte.

Ich stand neben ihrem Pult und versuchte verzweifelt, ein betretenes Gesicht zu machen. Ich wusste, was kommen würde.

»Was willst du eigentlich erreichen, Matt? Mich davon überzeugen, dass du ein Dummkopf bist?«

»Nein.«

»Was hast du zu deiner Note zu sagen?«

»Hab wohl nicht genug gelernt.«

»Nicht genug gelernt«, schnaubte sie. »Also wirklich, meine Katze wäre in der Lage gewesen, den Test zu schaffen. Das war doch rein inhaltlich, nur ein Abfrage-Test. Du musstest deinen Grips kein bisschen bemühen.«

Sie hielt inne und wartete auf eine Antwort. Ich schwieg.

»Also, was ist los? Du kannst Geschichte nicht leiden, ist es das?«

Sag einem Lehrer nie, dass du sein Fach nicht leiden kannst. »Doch, ist schon ganz okay. Geschichte ist ganz in Ordnung.«

»Aha, dann liegt's wohl an mir.«

»Nein«, erwiderte ich schnell und diesmal wahrheitsgemäß.

»Magst du die Klasse nicht?«

»Ist auch okay.«

»Die Räumlichkeiten passen dir nicht? Dein Pult ist zu klein? Na los, Matt, gib mir einen Tipp, ja?«

»Ich weiß nicht. Schwer zu erklären.«

Das stimmte sogar. Ich wollte raus aus dieser Mickymaus-Stadt, so sehr, dass ich schon Zahnschmerzen davon bekam, und die einzige Möglichkeit rauszukommen war die Aussicht auf ein College oder die Universität. Um in einem von beiden angenommen zu werden, benötigte ich mein Diplom, und zwar mit einem akzeptablem Durchschnitt. Das wiederum bedeutete fleißig lernen und sorgfältiges Erledigen inklusive rechtzeitiger Abgabe der Hausarbeiten. Ich wusste das alles.

Aber ich konnte mich nicht überwinden zu arbeiten. Jeden Tag stieg ich nach dem Abendessen pflichtbewusst in mein Zimmer hinauf, voller Entschlossenheit, setzte mich an meinen Schreibtisch, schlug meine Bücher auf und … nichts. All meine Vorsätze verflogen einfach. Ich hatte Millionen von Ausreden, tausenderlei Ablenkungen. Ich kritzelte, stand auf und machte an meiner Stereoanlage herum, spitzte Bleistifte, obwohl ich immer einen Füller benutzte, ging raus zum Joggen oder glotzte TV, wobei ich mir jedes Mal vornahm, nach dem ersten Film über meine Bücher herzufallen.

Was war also los? Schließlich war mein gesellschaftliches Leben auch nicht gerade besonders erfüllt. Genau genommen existierte es gar nicht. Sportvereine und Schul-AGs? Ich war nirgendwo Mitglied. Ich hatte keine Freundin, kein Auto, keinen Nebenjob, kein Haustier – nicht mal einen Goldfisch. Nichts stand den Schularbeiten im Weg. Warum konnte ich mich also nicht konzentrieren? Warum konnte ich nicht mal das geringste Interesse aufbringen für Shakespeare oder chemische Reaktionen oder, wenn's sein musste, auch für den britischen Teil Nordamerikas?

›Das Buch‹ unterbrach meine Gedanken.

»Matt, ich schlage dir ein Abkommen vor. Vielleicht schaffst du es ja, deine Note zu retten. Es ist ein einmaliges Angebot, also mach was draus oder lass es sein. Bist du interessiert?«

Nein, wollte ich sagen. Nicht mal ein drohendes Erdbeben konnte zur Zeit mein Interesse wecken.

»Ja, Miss Song.«

Sie runzelte leicht die Stirn. »Meine Güte, zügle deine Begeisterung. Also, die Verantwortung für eine anständige Geschichtsnote liegt, wie ich euch Leuten schon x-mal gesagt habe, ganz allein bei euch. Ich biete dir die Gelegenheit, ein selbst gewähltes Projekt in Angriff zu nehmen. Deine Aufgabe ist es, dir ein Thema auszusuchen, ganz nach deiner eigenen Wahl. Einzige Bedingung ist, dass es was mit der Geschichte der Region hier zu tun hat. Mach mir innerhalb von – drei Tagen, sagen wir, einen Vorschlag. Wenn ich damit einverstanden bin, kannst du die Unterrichtszeit dazu benutzen, dieses eigene Projekt zu bearbeiten. Und wenn du ein anständiges Ergebnis ablieferst, bekommst du deine Abschlussnote. Was meinst du? Einverstanden?«

Ich wusste, dass sie mir einen Rettungsanker zuwarf. Aufgrund meiner bisherigen Ergebnisse und der wenigen Zeit bis zum Ende des Schuljahrs blieb mir fast keine Möglichkeit, in Geschichte zu bestehen.

»Einverstanden.«

Sie fing an, ihre Bücher zusammenzuraffen und sie in eine Aktentasche zu stopfen, die bereits überquoll. »Gut. Dann bis morgen.«

Auf dem Weg nach draußen blieb ich an der Tür stehen.

»Miss Song?«

»Ja, Matt?«

»Danke.«

Regionale Geschichte, überlegte ich, während ich über den Parkplatz auf das gelbe Schulbus-Monstrum zuging. Um mich herum wimmelte es von Schülern, die sich lauthals verabschiedeten, während sie auf die Busse zustrebten. Von allen Einschränkungen, die mir Song hatte auferlegen können, musste es ausgerechnet diese sein. Sie bot mir einen Ausweg, machte ihn aber gleichzeitig so mühsam wie möglich. Was konnte im Umkreis dieser öden Stadt schon passiert sein? Wie konnte ich hier nach einem Projektthema suchen? Vielleicht konnte Dad mir helfen. Ihm stand ja schließlich eine ganze Universitätsbibliothek zur Verfügung.

»Matt! Matt, warte doch mal!«

Jens Stimme verfolgte mich über den Parkplatz und überall drehte man sich nach mir um. Ich hatte sie zwei Tage lang nicht gesehen, aber an diesem Morgen war sie in unserem Stammklassenzimmer gewesen und hatte ein paar Mal in meine Richtung gesehen, wahrscheinlich weil sie auf eine Gelegenheit wartete, mich blöd anzumachen.

Ein Grund, warum mich Jens Reaktion auf die Bemerkung ihrer Cousine an dem Tag im Park so überrascht hatte, bestand darin, dass sie bis dahin freundlich und hilfsbereit gewesen war und mich in alles eingeweiht hatte. Ich hatte sogar daran gedacht, mal mit ihr auszugehen. Aber solche wie sie waren mir schon öfters begegnet. Obwohl sie selbst nach außen hin keine Feindseligkeit zeigten, standen sie gewöhnlich dabei und hörten oder sahen zu, wenn ein anderer auf einem Schüler herumhackte, weil sie sich nicht trauten, etwas dagegen zu unternehmen. Oder sie hörten sich von anderen an, was sie selbst dachten, ohne es auszusprechen. Die Lehrer nannten dieses Verhalten ›dem Erwartungsdruck von Gleichaltrigen nachgeben‹. Für mich war es schlicht Feigheit.

Ich beachtete ihren Ruf nicht und griff nach der Metallstange an der Bustür. Eine Hand klammerte sich von hinten an meine Schulter.

»Matt!«

Ich schüttelte sie ab.

»Matt, ich muss mit dir reden.«

»Steigst du jetzt ein oder nicht?«, maulte ein Neuntklässler und drängte sich an mir vorbei in den Bus.

Ich wandte mich nach Jen um. Ihr Gesicht war gerötet und sie atmete heftig.

»Was willst du?«, fragte ich.

Ihr Blick glitt hin und her, es war ihr bewusst, dass wir von allen Seiten beobachtet wurden. Hinter mir dröhnte der Motor und

Schüler schrien durcheinander und schoben die Fenster auf und zu.

Jen holte Luft. Ihre Stimme zitterte ein wenig beim Sprechen und die Worte sprudelten aus ihr hervor, als habe sie ihre Rede vorbereitet.

»Matt, ich … äh … ich möchte mich für meine Cousine entschuldigen. Sie ist echt 'ne Zicke. Ich mag sie eigentlich gar nicht. Sie war mit ihren Eltern bei uns zu Besuch und hat sich den ganzen Nachmittag an mich gehängt. Was sie gesagt hat, tut mir Leid.«

»Du hast gelacht, Jen. Du fandest es komisch. Und Dave auch.«

»Ich fand's überhaupt nicht komisch. Ich fand's schrecklich. Ich war so schockiert und dann so verlegen, dass ich gelacht hab. Ich wusste nicht, was ich sagen sollte. Aber nachdem du weg warst, hab ich ihr die Meinung gesagt, wie beschissen ich ihre Haltung finde.« Sie raffte sich das Haar mit den Fingern aus dem Gesicht. »Matt, ich will dir nur klar machen, dass ich nicht genauso denke.«

»Nett von dir«, sagte ich und mir fiel der scharfe Ton meiner Stimme auf.

Sie sah auf ihre Slipper hinunter, die schlammverspritzt waren.

»Ich dachte, du und ich, wir sind Freunde«, murmelte sie.

»Ja, allerdings, das hab ich auch gedacht«, sagte ich, drehte mich um und stieg in den Bus.

8

Als ich nach Hause kam und die Haustür unnötig heftig aufstieß, sodass sie mit lautem Knall wieder hinter mir zufiel, hörte ich einen Blues aus Moms Studio schweben. Sie arbeitete an einem neuen Song – eine Melodie, die ich noch nicht kannte. Ich ließ meine Schulbücher auf den Dielentisch fallen, streifte die Turnschuhe ab und wollte ihr sagen, dass ich da sei. Wenn sie komponierte, dann konnte im Nebenzimmer eine Atombombe hochgehen und sie bemerkte es nicht mal.

Mom hatte es sich einiges kosten lassen, den Raum mit Schall-schutz zu versehen und ein Aufnahmestudio einzurichten, damit sie fast ausschließlich zu Hause arbeiten konnte und nicht ein Ton-studio mieten musste. Die dicke, gepolsterte Tür stand offen, daher wusste ich, dass sie probte und die Aufnahme noch nicht lief. Ge-nauso wenig wie mein Vater liebte sie es, bei der Arbeit gestört zu werden, deshalb steckte ich nur den Kopf durch die Tür und winkte. Ihre Finger glitten von Bund zu Bund, während sich die Töne zu Melodien fügten. Mom lächelte, nickte, wobei ihre Ohrringe schaukelten, und schloss die Augen. Pech, dachte ich, dass ich ihre Gabe zur Konzentration nicht geerbt habe wie ihre Nase.

Als ich mich zum Gehen umwandte, verfiel ihr Spiel in eine Folge traditioneller Blues-Akkorde. Sie sang mit ihrem besten Chicago-Streetsound:

> Now here's the handsome stranger,
> Coming home to see his ma,
> His momma says: »Hey, son of mine,
> It's time to mow the lawn.«

> *Da kommt der hübsche Fremdling*
> *Nach Haus zu seiner Ma,*
> *Sie ruft ihm zu: »Mein lieber Sohn,*
> *Wann mähst du endlich das Gras?«*

Mist, dachte ich, doch dann musste ich trotz meiner schlechten Laune lachen. Ich trat in ihr Studio und holte mir eine der Gitar-ren, die dienstfertig wie ein Butler in einem Ständer stand. Indem ich ihre Harmonien übernahm und versuchte, ihre Mundart nach-zumachen, antwortete ich ihr singend:

> »Oh«, said the handsome stranger,
> »I just ain't in the mood,
> I'll mow the lawn some other time,
> Now, I need solitude.«

»Ach«, sagt der hübsche Fremdling,
»Ich hab heut keine Lust,
Ich mäh das Gras ein andermal,
Bin heut so voller Frust.«

Ein ziemlich lahmer Reim, aber was Besseres fiel mir nicht ein. Ich stellte die Gitarre ab und wandte mich zum Gehen. Hinter mir hörte ich sie singen:

She says: »You may be handsome«,
She says: »You may be strong,
With money and a fancy car.
You still got to mow the lawn!«

Sie sagt: »Du bist ein hübscher Kerl,
Und fühlst dich mächtig stark,
Mit Geld und schickem Schlitten.
Doch heut ist der Rasen dran!«

Und ohne einen Takt auszulassen, nahm sie wieder die Melodie auf, an der sie gearbeitet hatte.

Meiner Mutter etwas auszureden war mehr Arbeit, als einen Müllwagen den Berg hochzuschieben. Also ging ich in mein Zimmer, zog Shorts und ein T-Shirt an und begab mich in die Garage, um den uralten Rasenmäher mit dem Benzinmotor rauszuholen.

Das gehört auch zu den Dingen, die ich an diesem verdammten Landleben nicht leiden kann, dachte ich, während ich den lärmenden Rasenmäher hin und her schob. In der Stadt hat der Rasen vernünftige Ausmaße. Hier kommt man sich vor, als müsse man ganze Felder mähen.

Nachdem ich schließlich im hinteren Garten den letzten Grashalm umgelegt hatte, wobei ich mich zusammenriss und nicht der Versuchung nachgab, Moms neue Fliederbüsche ganz zufällig mit absäbeln, war Dad eingetroffen. Als ich den Rasenmäher wieder in die Garage schob, hob er gerade seine Aktentasche, über die seine Strickjacke drapiert war, aus dem Lieferwagen.

»Hallo, Farmer Matt«, sagte er. »Wie steht's mit den hinteren vierzig?«

Ich hatte keine Ahnung, worauf er anspielte, und hatte auch nicht vor, danach zu fragen.

»Hi, Dad. Mom lässt mich wieder Sklavenarbeit verrichten«, sagte ich mürrisch.

Dad betrachtete die unregelmäßigen Streifen auf dem vorderen Rasen und die Grasbüschel, die ich bei meinen oberflächlichen Bahnen hin und her hatte stehen lassen. »Immerhin, das meiste hast du erwischt«, sagte er.

»Ihr solltet froh sein. Ich bin der Sohn einer Musikerin und eines Uni-Dozenten. Ihr könnt von Glück sagen, dass ich mir nicht die Zehen abgemäht habe.«

»Stimmt auch wieder«, sagte er.

Ich folgte ihm ins Haus, um in der Dusche zu verschwinden.

Mein Märtyrertum beim Rasenmähen befreite mich nicht vom Abwasch nach dem Abendessen – meine Eltern weigerten sich, eine Spülmaschine zu kaufen. Als ich den letzten Teller im Schrank verstaute, klingelte es. Einen Augenblick später kam Mom in die Küche.

»Da ist jemand für dich«, sagte sie mit einem Grinsen von einem Ohr bis zum anderen. »Wo hast du die denn bisher versteckt?«

»Versteckt? Wen?«

»Ah, ich verstehe, es ist noch geheim, ja?«, sagte sie und verschwand im Studio.

In der Diele stand Jen, in einem Schul-Sweatshirt und Jogging-Shorts. Sie hatte das Haar mit zwei goldenen Spangen aus dem Gesicht gerafft. Der Duft ihres blumigen Parfums hing im Raum.

»Ich fand's blöd, wie wir heute auseinander gegangen sind«, fing sie an, während ich noch überlegte, was ich sagen sollte.

Mir ging es genauso. Beim Rasenmähen hatte ich unser Gespräch ein Dutzend Mal wiederholt. War es gemein von mir gewesen, ihre Entschuldigung einfach nicht anzunehmen?

Wie als Antwort kam sie einen Schritt auf mich zu, ganz nah, und ehe ich reden konnte, schlang sie mir die Arme um den Hals und gab mir einen Kuss.

Seit ich Jen kennen gelernt hatte, fragte ich mich, wie sich ihre Lippen wohl anfühlen würden. Nun wusste ich es. Sie waren sogar noch weicher, als ich mir vorgestellt oder erträumt hatte, und als sich ihre Rundungen fest an meine Brust drückten, verrauchte mein Ärger vollständig. Während wir uns lange küssten, legte ich schließlich ebenfalls die Arme um sie und zog sie an mich. Ihr Mund schmeckte pfefferminzig und ihr Haar duftete.

»Das hab ich schon seit einer Ewigkeit tun wollen«, sagte sie und beendete den Kuss, ließ mich aber nicht aus der engen Umarmung.

»Ich auch«, krächzte ich. »Vielleicht sollten wir es gleich wiederholen.«

Jen wurde rot und sah mir über die Schulter. Dad kam auf dem Weg zur Küche mit einem leeren Becher in der Hand vorbei.

»Lasst euch nicht stören«, sagte er in scherzendem Ton. »Ich hab nichts gesehen. Bin überhaupt nicht da.« Und er verschwand.

»Gut abgepasst, Dad«, murmelte ich.

Jen lachte. »Also, ich geh mal wieder. Ich wollte nur …«

»Kannst du nicht bleiben?«

»Ich muss was für meine Mutter besorgen. Sie fragt sich sowieso schon, wo ich bleibe. Du bedeutest mir ganz schön viel, Matt. Das wollte ich dir nur sagen.«

»Du hast da grad'n Nigger geküsst«, sagte ich mit übertriebenem Akzent. »Was soll'n deine Cousine denken?«

»Wenn sie wüsste, was ihr entgeht, wäre sie eifersüchtig. Also, tschüss. Ruf mich doch später an, wenn du magst.«

»Okay.«

Ich begleitete sie zu ihrem Auto und stand in seliger Verwirrung in der Auffahrt, während sie losfuhr, dann ging ich ins Haus zurück.

»Kann ich jetzt rauskommen?«

»Hör bloß auf, Dad.« Ich holte mir eine Flasche Tonic aus dem Kühlschrank.

Er stand am Fenster und sah in den Garten. »Komm her. Sieh dir an, wie das Licht auf den Fluss fällt.«

Ich stand hinter ihm. Die schrägen Sonnenstrahlen ließen das Wasser wie ein Band aus Zinn gleißen und warfen ihr Licht auf Moms kleine Fliederbüsche und das Blumenbeet, das sie daneben angelegt hatte.

»Hey, ich glaube, ich hab 'ne Idee«, entfuhr es mir.

»Was für eine Idee?«

»Ach, nichts«, sagte ich und spurtete nach oben.

9

Sorgfältig schloss ich meine Zimmertür, knipste die Lampe auf dem Schreibtisch an und kniete mich auf den Boden. Ich packte eine Ecke der Plastiktüte und zog sie unter dem Bett hervor, stellte sie auf den Tisch und nahm die Kiste heraus. Die Kiste verströmte einen modrigen Geruch nach Erde und Verfall. Die C-förmigen Eisen darin schepperten. Ich saß am Pult und untersuchte meinen Zufallsfund.

Vielleicht, ganz vielleicht stellte das Ding ja etwas Interessantes und Wichtiges dar und wenn dem so war, würde ich alles minutiös genau aufschreiben und Skizzen machen und ›das Buch‹ so beeindrucken, dass sie mich in Geschichte bestehen ließe.

Ich stöberte in meiner Schreibtischschublade und zog ein paar Bleistifte (bereits gespitzt in unnütz vertanen Stunden), ein Lineal, ein Heft und eine Lupe hervor, die ich seit meiner Kindheit nicht mehr angerührt hatte. An heißen Sommertagen hatte ich sie dazu benutzt, meine Initialen in Baseballschläger, Zäune und Spielsachen zu brennen oder unglückselige Ameisen zu verkokeln, die über den Parkplatz unseres Wohnblocks marschiert waren. Dann steckte ich die Kiste zusammen mit den Utensilien wieder in die Tüte, ging leise die Treppe hinunter und schlich durch die Hintertür in die Garage.

Hier stand eine Werkbank, die seit unserem Umzug noch nicht benutzt worden war, mit einer Neonröhre darüber. Alle möglichen Werkzeuge, Lösemittel, Lappen und Pinsel lagen bereit. Ich brauchte ein paar Minuten, um mir eine Arbeitsfläche freizumachen.

Ich stellte die Kiste in die Mitte der Werkbank und warf die Tüte weg. Dann nahm ich die einzelnen Teile heraus, legte sie beiseite und schloss den Deckel wieder. Mit einem kleinen Malerpinsel entfernte ich den Schmutz, der die Oberfläche der Kiste überzog – was jetzt, nachdem die Erde getrocknet war, keine große Schwierigkeit bereitete –, und stellte fest, dass das Holz mit irgendeinem Material bezogen war. Papier? Stoff? Nein, Leder. Dann wischte ich die Oberfläche mit einem feuchten Tuch sauber, ganz vorsichtig, denn das Leder blätterte leicht ab und zerbröselte. Als die Außenseite der Kiste sauber war, bürstete ich das modrige Innere aus.

Die Kiste war ungefähr fünfunddreißig Zentimeter lang und halb so breit. An der Vorderseite war ein Messingschloss angebracht, dessen Schließbügel jedoch fehlte. Zwei Messingscharniere waren hinten aus dem Kasten herausgebrochen, hingen jedoch noch an dem Deckel. Mitten auf dem Deckel saß ein kleiner geschwungener Messinggriff, der kaum groß genug war, um drei Finger durchzustecken. Ein goldener Zierstreifen lief um den Rand des Deckels.

Wie ein Sherlock Holmes für Arme untersuchte ich die Borte mit der Lupe, und dabei entdeckte ich einen karoförmigen Streifen mit dem gleichen Muster, der den Griff umgab. Und noch etwas. Dicht über das modrig riechende Leder gebeugt, starrte ich wie ein Geizhals, der nach einem verlorenen Pfennig sucht, auf die Oberfläche. Das meiste Gold – oder um was es sich sonst handeln mochte – war abgenutzt, aber ich war mir ziemlich sicher, einen Schmuckbuchstaben erkennen zu können, ein G, daneben eine Figur, die nicht auszumachen war, und dann ein R. Nach längerem Spähen und Raten kam ich darauf, dass die Form zwischen den Buchstaben eine Krone gewesen sein musste.

Mit dem Gefühl wachsender Erregung legte ich die Lupe beiseite, rieb mir die Augen, streckte mich, um die Verspannungen in Rücken und Nacken loszuwerden, und fing an, mir Notizen zu machen und die Kiste in allen Einzelheiten zu beschreiben. Ich benutzte das Lineal, um sie maßstabsgerecht nachzuzeichnen. Mit ungeschickten Strichen versuchte ich, das Muster der Borte nachzuzeichnen, und mit Hilfe der Lupe zeichnete ich schließlich die Krone auf.

»Matt, wo bist du?«, rief meine Mutter.

Ich ließ den Bleistift fallen und stürzte aus der Garage. »Hier draußen, Mom. Bin gleich da.«

»Was machst du denn?«

»Nichts, nur ein Schulprojekt.«

»In der *Garage*?«

»Bin gleich da«, wiederholte ich.

Als ich die Tür zufallen hörte, atmete ich auf und kehrte in die Garage zurück. Warum erzählte ich ihr nicht, was ich vorhatte? Warum wollte ich, dass die Kiste und ihr Inhalt ein Geheimnis blieben, wenigstens vorläufig? Weil ich mich nicht lächerlich machen wollte, wenn nichts aus der Sache wurde. Es war mir ein bisschen peinlich, dass mich meine Entdeckung so gefangen nahm. Wenn ich sieben Jahre alt gewesen wäre, dann wäre es in Ordnung gewesen. Ganz schön clever. Mann, geil, hätte ich sagen können, das ist echt super. Aber doch nicht in meinem Alter. Ich wollte nicht wie ein Idiot dastehen. Wirklich nicht!

Ich stellte die Kiste beiseite und fegte den Schmutz von der Oberfläche der Werkbank. Dann nahm ich das Stückchen Leder, in dem der kleine Metallklumpen gesteckt hatte. Die Reste des kleinen Beutels waren inzwischen trocken und steif und würden wie Kartoffelchips zerbröseln, wenn ich nicht aufpasste. Ich goss eine Bodendecke Lösemittel in eine alte Erdnussbüchse, ließ das Nugget hineinfallen und schwenkte es herum. Dann säuberte ich es mit einer kleinen Bürste. Das Lösungsmittel machte mit dem Schmutz auf der Oberfläche kurzen Prozess. Es schimmerte bronzefarben, nachdem ich es mit einem trockenen Lappen poliert hatte. Der Klumpen war fast vollkommen rund und hatte eine raue Oberfläche.

Ich untersuchte ihn mit meinem Sherlock-Holmes-Ameisenbrenner und mein Puls wurde schneller. Nach dem Ausgraben hatte ich mich einen winzigen Moment lang gefragt, ob das Metall wohl Gold wäre. Und wenn ja, wie viel es dann wohl wert wäre? Ich packte meine Beute zusammen und schlich durch die Hintertür ins Haus zurück. Nachdem ich in der Küche einen kleinen, dicht verschließbaren Gefrierbeutel geholt hatte, stieg ich leise in mein Zimmer hoch. Die Kiste wickelte ich in ein altes T-Shirt und schob sie unter das Bett, dann steckte ich den Klumpen in die Plastiktüte und versteckte ihn in der obersten Schublade meiner Kommode unter Socken und Unterwäsche. Danach zog ich mich aus und schlüpfte ins Bett. Selbst wenn diese kleine Untersuchung hier zu keinem Ergebnis führte, selbst wenn ich mich vielleicht zum Narren machte, konnte ich aus dem ganzen Erlebnis doch vielleicht einen Nutzen ziehen.

Der Tag hatte sogar noch schlimmer begonnen als sonst. Der schwache Hoffnungsschimmer, der sich durch das Gespräch mit ›dem Buch‹ abgezeichnet hatte, war wieder verflogen, nachdem mich Jen auf dem Parkplatz angesprochen und damit ein altbekanntes Gefühl der Erniedrigung und Wut geweckt hatte. Jetzt, nach Jens Besuch und meiner Arbeit in der Garage, sah es so aus, als würde der Frühling doch nicht so schlecht werden.
Aber die Gedanken an Jen, an die Schule und das Angebot von Miss Song schwirrten mir im Kopf herum und vertrieben den Schlaf. Ich stand auf, schlüpfte in meinen Morgenmantel und ging nach unten, um mich mit ein bisschen Fernsehen zu betäuben.
In Dads Arbeitszimmer brannte Licht, was mich nicht überraschte. Er war schon immer eine Nachteule gewesen und zog es vor zu arbeiten, wenn es still war im Haus. Außerdem hatte ich ihn vor ein paar Tagen Mom gegenüber die Bemerkung fallen lassen hören, dass er wegen eines Termins unter Zeitdruck stehe. Irgendein Artikel oder dergleichen für eine der Zeitschriften, in denen er Beiträge veröffentlichte.

Er hatte bereits den gestreiften Schlafanzug an und darüber trug er seinen ›Balzac‹, wie er es nannte, einen weiten Wollkaftan mit Kapuze, und saß mit der Lesebrille, die ihm auf die Spitze seiner Adlernase gerutscht war, am Schreibtisch. Da er während seiner Kindheit und Jugend Hockeyspieler gewesen war, war er von kräftiger Statur, ohne dabei so knubbelig zu wirken wie viele ehemalige Athleten. Sein schwarzes Haar war natürlich gewellt und ließ ihn jung aussehen.

Seine Schreibtischlampe, die einzige Lichtquelle im Raum, warf einen großen Lichtkegel über die Bücher und Papiere, die seinen Schreibtisch in typisch unordentlicher Ordnung bedeckten, und überzog sein Gesicht mit ihrem gelben Schein. Er las und strich sich dabei mit seinen kräftigen Fingern über das breite Kinn, wie er es immer tat, wenn er sich konzentrierte.

Als ich ins Zimmer trat, fiel mein Blick auf das Bild von dem Neonazi mit der Militärmütze, der vor dem Gerichtsgebäude stand. Dad hatte das Zeug, das ich für ihn im Internet gefunden hatte, ausgedruckt, und die Blätter lagen aufgereiht am Rand seines Schreibtischs.

»Na, Matt?«, sagte er und sah auf. »Kannst du keine Ruhe finden?«

»Ja, ich kann nicht einschlafen. Bringt dir das Zeug was?«

»Sicher. Nicht viel Neues oder Unbekanntes dabei, aber ich kann ein paar Dinge in der Studie, an der ich sitze, zitieren.«

»Das ist gut.«

»Aber ich glaube, nächstes Mal ist es besser, wenn du mir einfach die Website-Adresse gibst. Brauchst es nicht runterzuladen.«

»In Ordnung.«

»Damit uns die unschätzbare Miss O'Neil nicht wieder auf die Schliche kommt«, fügte er lächelnd hinzu.

Wir schwiegen einen Augenblick. Ich deutete auf die ausgedruckten Seiten.

»Das hört ja wohl nie auf, oder, Dad?«

Er ließ die Seite sinken und nahm die Brille ab, dann schloss er die Finger zu einer dicken Faust über der Seite. »Nein.« Mit dem Kinn deutete er auf das Foto von Krupp. »Nicht, solange es elendes Gesindel wie den da gibt. Und nicht, solange die Gesellschaft unglückliche und hasserfüllte Menschen hervorbringt, die diesem Gesindel folgen.«

»Dad, bedauerst du es manchmal, dass du Jude bist?«

Er lehnte sich in seinen alten ledernen Ohrensessel zurück und verschwand im Schatten. Dann beugte er sich vor und das Licht fiel wieder auf sein Gesicht und beleuchtete seine gerunzelte Stirn. Er sah mir in die Augen, als wolle er mich prüfen.

»Als ich jung war, hat mir meine Religion, meine Kultur nicht viel bedeutet. Deine Großeltern traktierten mich ziemlich damit, das war wahrscheinlich der Grund. Für sie ist Religion sehr wichtig, aber ich war immer der Meinung, dass man seinen eigenen Standpunkt finden muss. Also, ich war immer ziemlich weltlich eingestellt.«

Er machte eine Pause und ließ den Blick über seine Bücherwand gleiten. »Aber bedauert? Nein, nie.«

»Und wenn du solchen Dreck liest ... wirst du dann böse? Nein, das ist es nicht, was ich meine. Nimmst du es persönlich?«

»Ist irgendwas vorgefallen, Matt?«

»Nein, nein«, log ich. »Es interessiert mich einfach.«

Er zog die linke Augenbraue etwas hoch – eine unwillkürliche Reaktion, die ihm selbst in den seltensten Fällen bewusst wurde, die mir jedoch klar machte, dass er mir das nicht abkaufte. Aber er beließ es dabei.

»Nein, ich nehme es nicht persönlich – na ja, das stimmt nicht ganz. Ich versuche es nicht persönlich zu nehmen und meistens gelingt mir das auch. Aber es ist schwierig, stimmt's?«

»Ja.«

Als er wieder zu sprechen begann, schwang in seiner Stimme etwas mit, das ich mir nicht erklären konnte.

»Matt, während ihrer langen Geschichte sind die Juden in jedem europäischen Land entweder in Ghettos gesteckt oder vertrieben worden. Nach dem Holocaust haben sie einen eigenen Staat gegründet, und seitdem versucht man auch dort, sie zu verjagen. Trotzdem sind die Juden noch auf der Erde. Und weißt du, warum?«

Ohne auf eine Antwort zu warten fuhr er fort, wobei er seine Gedanken unterstrich, indem er mit dem Zeigefinger auf die Schreibtischplatte klopfte. »Wenn die Dinge schlecht stehen, dann sitzen die Juden nicht in Bars herum«, *klopf*, »oder hängen an Straßenecken rum«, *klopf*, »sie klagen und jammern nicht, dass sie unterdrückt werden.« *Klopf.* »Als erstes bauen wir eine Synagoge.« *Klopf.* »Dann eine Schule.« *Klopf.* »Dann fangen wir von vorne an.« Er hielt inne, als sei er von seinen eigenen Gefühlen überrascht. »Entschuldige, ich wollte keine Rede halten.«

»Dad?«

»Mmhmm?«

»Du hast ›wir‹ gesagt.«

Er lachte. »Tatsächlich, das hab ich wohl.«

Ich lag wieder im Bett und betrachtete das Muster, das der Mond, der hinter dem Haus über dem Fluss am Himmel stand, an die Decke warf. Wenn ein Typ wie Krupp mich ansieht, überlegte ich, hasst er mich dann nur halb so sehr, weil ich nur halb jüdisch bin, oder doppelt so sehr, weil ich auch halb farbig bin?

Dann fiel mir etwas ein, das Mom mir erzählt hatte, als ich klein war – klein genug, um noch auf ihrem Schoß zu sitzen. Sie hatte mich mitgenommen in einen Park in der Nähe unseres Wohnblocks und ich hatte mit ein paar anderen Kindern an den Klettergeräten und in der Sandkiste gespielt. Als sie mir zurief, dass es Zeit zum Heimgehen sei, als sie mir den Sand von den Kleidern klopfte und mit ihren langen Fingern zwischen den Schnürsenkeln meiner Schuhe entfernte, da fragte ich sie, warum die anderen Kinder nicht auch schwarze und weiße Eltern hätten.

Mom hatte mich fest auf dem Schoß und deutete auf eine riesige Eiche am Rand des Spielplatzes. »Du bist wie der Baum dort«, sagte sie. »Du hast zwei kräftige Wurzeln, die tief in den Boden reichen und die stark genug sind, dich aufrecht zu halten, egal wie heftig der Sturm bläst.«

Ich hatte nicht verstanden, was sie meinte, und bald das Interesse an meiner Frage verloren, weil gerade ein Eiswagen vorbeikam. Aber später war mir ihr Gleichnis wieder eingefallen, und als ich nach meinem Gespräch mit Dad wieder im Bett lag, hatte ich das Gefühl, es begriffen zu haben. Ich hatte tatsächlich zwei Wurzeln. Über die eine wusste ich eine ganze Menge. Mein Großvater und meine Großmutter waren der Mittelpunkt meines Lebens gewesen, als ich aufwuchs. Aber von der anderen Wurzel war ich abgeschnitten worden und merkwürdigerweise warf ich Mom, je älter ich wurde, zunehmend vor, dass sie mir das angetan hatte.

10

Kaum hatte mich das große gelbe Monstrum am Ende unserer Auffahrt ausgespuckt, rannte ich ins Haus, um das Nugget zu holen, das schimmernd und verlockend in der durchsichtigen Plastiktüte steckte, und stopfte es tief in die Tasche meiner Jeans.

Mom war nicht in ihrem Studio, daher wusste ich, dass sie draußen sein musste. Tatsächlich, kaum hatte ich die Hintertür aufgestoßen, hörte ich sie auch schon vor sich hinsummen. Sie kniete mitten in einem frisch umgegrabenen Beet, ein Schäufelchen in der einen behandschuhten Hand, irgendeine rosa Blume in der anderen, und ihr Gesicht glänzte vor Schweiß. Um sie herum lagen leere flache Kisten in der Spätnachmittagssonne verstreut.

»Hi, Mom. Ich bin auf dem Sprung zu Jen in die Stadt, wo sie arbeitet«, sagte ich, ließ die Tür hinter mir zufallen und ging auf die Garage zu.

»Einen Moment mal, ich möchte, dass du …«

»Später«, rief ich und tat, als hätte ich sie nicht verstanden.

Ich schloss meinen einzigen wertvollen Besitz auf – mein Mountainbike, ein Geburtstagsgeschenk meiner Großeltern vom letzten Jahr. (»Es ist einfach zu teuer«, hatte Dad zu Grandma gesagt. »Ihr verwöhnt ihn«, hatte Mom hinzugefügt. »Wo ist der Schlüssel?«, hatte ich schnell gefragt.) Ich schnallte den Helm fest, schob das Rad aus der Garage und stieg auf.

Der Markt von Fergus, an der Uferpromenade Ecke Queens und St. David, war eine ehemalige Fabrik oder Manufaktur, die ihre Energie früher aus der Strömung des Flusses gewonnen hatte. Wie eine Menge der Gebäude in Fergus war sie aus Natursteinen erbaut. Jetzt hatte man sie in ein mehr oder weniger schickes Einkaufszentrum umgebaut und sie beherbergte die Handelskammer, ein paar Läden, die überteuerte Klamotten aus Schottland anboten, sowie einen Bauernmarkt. Ich stieg vom Fahrrad, montierte den Sattel und das Vorderrad ab und schloss beides mit dem Rest an einem Ständer fest.

Blinzelnd stand ich am Eingang, während sich meine Augen an das Halbdunkel gewöhnten, dann ging ich auf den Imbiss-Stand zu, an dem Jen nach der Schule und am Wochenende jobbte. Der Marktgrill befand sich im mittleren Gang, auf der einen Seite flankiert von dem ›Trachtenladen‹, der einer Werbetafel zufolge ›ausschließlich Kleidung aus Naturmaterialien‹ verkaufte – was sollte das wohl sein? Kleider aus Stroh? Hosen aus Heu? –, und auf der anderen Seite von einem Stand mit Antiquitäten, der einen Haufen alter Petroleumlampen und defekter Stühle anbot.

Jen stellte gerade einen Pappteller, auf dem sich ein Cheeseburger mit Pommes türmte, vor einen Mann im Trainingsanzug, der eher so aussah, als würde ihm eine doppelte Portion Schlankheitspillen besser bekommen. Sie nahm das Geld in Empfang und verstaute es in der Kasse.

»Hi«, sagte ich, »gibt's hier was Gutes zu essen?«

Sie lächelte. Sie trug ein dunkelblaues T-Shirt, auf dem vorne in Weiß ›Marktgrill‹ stand. Die Buchstaben passten sich ihren runden Formen an. Ihr dichtes Haar war mit einem weißen Tuch zurückgebunden, was ihre großen Augen und die ovale Form ihres Gesichts betonte.

»Freundchen, wenn du was *Gutes* suchst, bist du hier falsch.«

»Hast du demnächst mal 'ne Pause?«

»Eigentlich nicht, Matt. Bin erst vor zwanzig Minuten gekommen. Außer mir und dem Boss ist niemand da. Er ist ein wahrer Sklaventreiber.«

»Na gut. Äh, ich muss was erledigen, dann komm ich noch mal vorbei.«

»Gut. Komm her.« Sie winkte mit dem Finger, als ob sie mir was ins Ohr flüstern wollte. Aber stattdessen küsste sie mich. »Reicht das bis nachher?«

»Kann schon sein«, sagte ich und verließ die Markthalle.

Ich stieg die kurze Anhöhe zur St. Andrew Street hinauf, wandte mich nach links und ging an der Bücherei vorbei zum Juwelier Piffard, An- und Verkauf, einem kleinen Laden, der eingezwängt zwischen einem Immobilienbüro und einem Theater lag.

Über mir bimmelte eine Glocke, als ich die Tür aufstieß und nochmal stumm mein Sprüchlein übte. Rechts von mir zog sich eine Glasvitrine die gesamte Ladenwand entlang. Sie enthielt Modeschmuck, Uhren und Ziertassen. Ein Mann mit einer riesigen Hakennase und einem ganz buschigen walrossartigen Schnauzbart stand im rückwärtigen Teil des Ladens hinter einer weiteren Glasvitrine und schrieb etwas in ein Notizbuch. In einem Mundwinkel steckte der Stummel einer unangezündeten Zigarre. An seinem Brillengestell aus Metall klemmte eine winzige Lupe an einem Stiel. Hinter ihm war ein Durchgang mit einem Vorhang.

Er sah auf. »Nun, mein Junge, kann ich helfen?«, sagte er mit einer Stimme, die andeutete, dass er nicht besonders interessiert war.

Ich trat an den Ladentisch. »Ich hoffe es«, sagte ich und fischte die Plastiktüte aus der Hosentasche. »Ich würde gern wissen, ob Sie mir sagen können, was das für ein Metall ist?« Ich ließ das Nugget auf die rote Samtmatte auf dem Ladentisch kullern. Der Mann legte den Füller weg und schob das Notizbuch beiseite. Er nahm das Nugget und hielt es zwischen Daumen und Zeigefinger ins Licht.

»Interessant«, sagte er. Der Zigarrenstummel wippte auf und ab.

»Was ist das?«

»Ich weiß es nicht.«

Er zog eine Lampe mit einer kreisförmigen Neonröhre zu sich heran und knipste sie an. Im Innern des Kreises, den die Neonröhre bildete, war ein Vergrößerungsglas angebracht. Er hielt das Nugget unter die Lampe und drehte es ein paar Mal zwischen den Fingern, die unter der Lupe riesig wirkten.

»Wo hast du das her?«

»Ist schon seit Ewigkeiten in unserer Familie.« Da er so neugierig war, hatte ich wegen meiner Lüge kein schlechtes Gewissen. »Ich hab es geerbt. Von meinem Großvater. Ich glaube – oder besser, man hat mir gesagt, dass es Gold ist, und ich dachte, dass mir ein richtiger Juwelier Gewissheit verschaffen könnte.«

»Es ist gegossen«, sagte er und setzte seine Untersuchung fort, »wenn auch nicht sehr professionell. Und nicht richtig. Deshalb ist es ein bisschen rau.« Er klappte die kleine Linse vor dem einen Glas seiner Brille herunter und sah sich das Nugget erneut genau an. »Und es hat einige Verunreinigungen.«

Seine Stimme war ständig freundlicher geworden. Offensichtlich interessierte ihn das Nugget.

»Ganz schön geheimnisvoll, was?«, sagte er und knipste die Lampe aus. Er lächelte zum ersten Mal und die Zigarre zeigte zur Decke hoch.

»Stimmt«, sagte ich unsicher.

»Dauert ein bisschen.«

»In Ordnung.«

Er schloss den Schmuckschrank ab, schob den Vorhang zur Seite und verschwand. Keiner kam in den Laden, während ich mit wachsender Spannung wartete. Nach einer Ewigkeit, die aber laut meiner Uhr nur zehn Minuten gedauert hatte, kam er zurück in den Verkaufsraum. Von der Zigarre stieg ein dünner, blauer Rauchfaden auf. Als er die Kugel auf die Samtmatte legte, sah ich, dass er eine feine Linie hineingeritzt hatte.

»Jawohl, ziemlich interessant«, wiederholte er. »Sieht mir aus wie Schrot.«

»Sie meinen, es taugt nichts?«

Er lachte. Ein Auge hatte er wegen des Zigarrenrauchs fast zugedrückt. »Nein, nein«, sagte er, »nicht Schrott. Schrot! Für 'ne Flinte. Eine Schrotkugel. Du hattest Recht, es muss sehr alt sein. Komisches Erbstück, muss ich sagen.«

»Ja, ist auch schon seit Ewigkeiten eine Art Familienrätsel. Und, ist es Gold?«

»Es ist tatsächlich Gold. Allerdings kein sehr wertvolles. Zehn Karat vielleicht und wie ich schon sagte, es ist voller Verunreinigungen.«

»Wie viel ist es wert?«

»Tja, ein paar Hundert könnte ich dir wohl dafür geben.«

»Sie würden es mir abkaufen?«

»Ich fertige ab und zu für bestimmte Kunden Schmuck an und könnte es verwenden. Aber wie ich schon sagte – es ist nicht sehr hochkarätig. Und du müsstest mir einen Brief von deinen Eltern bringen, dass du es verkaufen darfst.«

Ich ließ das Nugget wieder in das Tütchen gleiten.

»Kein Problem«, sagte ich. »Vielen Dank.«

Ich platzte fast vor Begeisterung über meinen plötzlichen Reichtum und rannte zum Einkaufszentrum zurück. Jen fragte ihren Boss, ob sie eine Viertelstunde Pause machen dürfte. Als er nicht hinsah, zapfte sie zwei Riesen-Colas aus der Maschine, und wir spazierten an den Auslagen vorbei, hielten uns an den Händen und taten so, als ob wir uns für die Waren interessierten. Ich kämpfte mit mir. Mal war ich drauf und dran, ihr von dem Nugget zu erzählen, dann riet ich mir selbst wieder, es noch eine Weile für mich zu behalten, wenigstens so lange, bis ich mit Miss Song über mein Projektthema gesprochen hatte.

»Komm heut Abend doch rüber und wir schauen uns ein Video an«, sagte Jen, als wir zu dem Imbiss-Stand zurückkehrten.

»Ach, vielleicht lieber nicht.«

»Wieso? Hast du 'ne andere Verabredung?«, neckte sie mich.

»Nein, es ist nur, na ja, haben deine Eltern nichts dagegen, wenn ich komme?«

»Wie meinst du das?«

»Ich meine, wissen sie über mich Bescheid?«

»Klar. Ich hab ihnen erzählt, dass ich mit dir gehe.«

Wir blieben stehen. Jen trat hinter den Tresen und band sich ihre Schürze um.

»Ich meine, wissen sie *Bescheid*?«

Jen sah mich erstaunt an, dann zog sie verärgert die Brauen zusammen. »Das ist aber 'ne ziemliche Unverschämtheit, Matt.«

Ich reagierte nicht, sondern warf nur meinen leeren Becher in den Papierkorb neben der Theke.

»Vielleicht bist du ein bisschen zu empfindlich deswegen«, sagte sie steif.

»Und du hast vielleicht gut reden.«

»Meine Eltern sind farbenblind, verstehst du, Matt?«

»Okay. Tut mir Leid.«

»Komm so gegen sieben rüber.« Und indem sie sich ihrer Arbeit zuwandte, fügte sie noch hinzu: »Falls du Lust hast.«

Ich ging. Die Gewissheit, dass ich tief im Innern – auch wenn die Dinge zwischen uns jetzt gut liefen – immer noch an ihr zweifelte, bedrückte mich.

Ehe das Abendessen auf den Tisch kam – Dad bereitete eines seiner kulinarischen Gräuelgerichte zu, Makkaroni mit Käse und Schinken – half ich Mom noch im Garten. Mit einer Hacke lockerte ich im Schweiße meines Angesichts die Erde in einem Beet für sie. Nachdem wir uns durch die Mahlzeit gekämpft und uns über den ›gelben Tod‹, wie Mom das Gericht nannte, lustig gemacht hatten, erledigte ich rasch meine Küchenpflichten und fuhr zu Jen rüber. Sie wohnte in einem kleinen Natursteinhaus in der Nähe der St. Josephs-Kirche.

Ihre Eltern waren sehr nett. Nachdem sie mich begrüßt hatten, räumten sie wie auf Kommando das Wohnzimmer, und Jen und ich sahen uns einen Horrorfilm an. Die Stimmung war anfangs etwas zurückhaltend – im Zimmer, nicht im Film –, aber nachdem wir ein paar Witze gerissen hatten über den Super-Vampir, der ungefähr so schauerlich wie ein nasser Lappen war, lachten wir viel. Ungefähr nach der Hälfte des Films setzte sich Jen auf meinen Schoß. Ich weiß nicht, was danach passierte – im Film, nicht im Zimmer. Gegen halb elf kam ich heim, meldete mich bei meinen Eltern, die am Küchentisch Scrabble spielten und sich im Spaß über ein Wort stritten, das Dad Moms Meinung nach einfach frei erfunden hatte. Dann holte ich meine Beute unter dem Bett hervor.

Die zwei aufgerollten Riemen waren jetzt noch steifer und härter, da sie inzwischen ausgetrocknet waren, und als ich versuchte, sie auseinander zu rollen, hatte ich keinen Erfolg. Die Enden waren umgeklappt und so festgenäht, dass sie eine Schlaufe bildeten. Müssen wohl Gürtel oder dergleichen gewesen sein, dachte ich, und die Schlaufen waren für die Schnallen gewesen. Wenn dem so war, musste derjenige, dem sie gehört hatten, dick wie ein Fass gewesen sein, denn wenn man sie ausgerollt hätte, wären sie ziemlich lang gewesen.

Ich machte mir meine Notizen dazu und skizzierte sie auf meine übliche ungeschickte Art, dann legte ich sie beiseite. Die C-förmigen Eisen waren noch uninteressanter. Ich brachte sie in die Garage und legte sie in einen Eimer mit Lösungsmittel. Zurück im Haus wusch ich mir den Rost von den Händen. Wieder nagten Zweifel an mir, ob das Zeug, das ich da gefunden hatte, ein ausreichend handfestes Projekt abgeben würde, um Miss Song zufrieden zu stellen. Aber was anderes fiel mir nun mal nicht ein.

11

›Das Buch‹ kam in die Bibliothek gerauscht. In der einen Hand hielt sie einen dicken Papierstapel, in der anderen eine Tasse Kaffee, und ihre Sportschuhe quietschten auf den Fliesen. Sie setzte sich an einem Tisch in einer stillen Ecke des Leseraums neben mich und stellte den Kaffee so heftig ab, dass er auf die Resopalplatte schwappte.

»Scheibenkleister!«, rief sie aus, während sie die Pfütze mit einem Papiertuch aufwischte. Wahrscheinlich für ihre Verhältnisse ein äußerst deftiges Schimpfwort, dachte ich. »Okay, Matt, ich höre. Was hast du vorzuschlagen?«

Auf der Fahrt mit dem Schulbus hatte ich meine Schätze in einem Turnbeutel auf den Knien gehabt. Mir war ganz flau und ich schwankte hin und her zwischen Hoffen und der Gewissheit, dass ich mich gleich zum kolossalen Narren machen würde. »Was soll denn das für Gerümpel sein?«, hörte ich ›das Buch‹ im Geiste schon spotten. »Ich geb dir eine Chance und du kommst mit etwas daher, das du in eurem Garten ausgegraben hast?«

Wenn sie meinen Vorschlag nicht annimmt, dann ist es aus mit meinem Geschichtsexamen und ich kann eigentlich sofort aus der Schule aussteigen und mir die ganze Aufregung sparen, hatte ich überlegt, während ich zappelig in der Bücherei saß und auf die Lehrerin wartete, die wie üblich zu spät dran war.

Meine Notizen lagen sorgfältig ausgebreitet vor mir auf dem Tisch, ebenso meine Skizzen, die Kindergartenniveau hatten. Mein Turnbeutel lag neben mir auf dem Boden.

»Tja«, fing ich an, »wahrscheinlich halten Sie das für eine absolut gesponnene Idee …«

»Nette Verkaufsmasche«, unterbrach sie mich und nippte an ihrem Kaffee.

Na großartig, dachte ich, sie macht sich schon über mich lustig. Aber ich ließ mich nicht beirren. Ich erzählte, wie ich auf die Kiste gestoßen war und sie ausgegraben, gesäubert und samt dem Inhalt untersucht hatte. Während meines Berichts zeigte ich ihr meine Aufzeichnungen, deutete auf die Skizzen und zog die Stücke zur Steigerung des dramatischen Effekts eins nach dem anderen aus dem Beutel.

Beim Erzählen wurde ich zuversichtlicher. Still und stumm saß sie da; der Kaffe neben ihr wurde kalt. Ihre Hände ruhten mit verschränkten Fingern auf dem Stapel von Klassenarbeiten. Schließlich beendete ich meinen Bericht, indem ich ihr die C-förmigen Eisen reichte, von denen ich den ganzen Rost abgekratzt hatte.

»Und ich habe keine Ahnung, was das für Metalldinger sind«, schloss ich. »Aber mein Vorschlag ist, dass ich herauszufinden versuche, was das ganze Zeug darstellen soll und wie es dazu kam, dass es im Grundstück hinter unserem Haus vergraben wurde.«

»Du weißt tatsächlich nicht, was das ist?«, fragte sie und nahm mir die Eisen ab. Ihre Stimme war leise. »Im Ernst?«

Verdammt. Ich hatte sie nicht überzeugt. Es hatte sie überhaupt nicht interessiert. Sie hatte mich meinen ganzen Vortrag halten lassen, ganz höflich, weil sie die Art von Lehrerin war. Jetzt würde sie mit milder Stimme Kritik üben und ablehnen.

»Nein, Miss Song, ich habe keine Ahnung.«

»Ich schon.«

»Und?« Aber das war mir inzwischen eigentlich egal.

»Das musst du schon selbst rausfinden. Ich sage nichts dazu. Aber Matt, wappne dich. Es wird dir nicht gefallen.«

»Wollen Sie damit sagen, Sie akzeptieren das Projekt?«

»Machst du Witze? Ich finde, es klingt toll. Und du hast ja auch ausgezeichnet angefangen mit deinen Notizen und so weiter. Komm mit, ich geb dir was, das dich auf die Spur bringt.«

Als wir die Bibliothek verließen, balancierte ich meinen Beutel und sechs dicke Bücher, die Miss Song aus den Regalen gezogen und mir zugeworfen hatte, während ich ihr durch die Buchreihen nacheilte.

»Also bis morgen, Matt. Bin spät dran. Weidmanns Heil.« Und damit stürzte sie den Korridor entlang.

Ich taumelte zu meinem Schließfach und verstaute das ganze Zeug, dann suchte ich mir die Bücher für die nächste Stunde zusammen.

Was hatte sie wohl gemeint, als sie sagte, ich solle mich wappnen?

Die Bücher, die Miss Song mir gegeben hatte, waren über den amerikanischen Unabhängigkeitskrieg, den Krieg von 1812 und über die Geschichte unserer Gegend. Ich hätte schwören können, dass die Geschichte von Fergus nicht mal ein Faltblatt füllen würde, aber es waren zwei dicke Bände.

Abends saß ich mit einer Dose Tonic und einer Tüte Tacochips an meinem inzwischen überquellenden Schreibtisch und machte mich an die Arbeit. Im Hintergrund spielte Miles Davis. Die *Illustrierte Enzyklopädie der Amerikanischen Revolution* gefiel mir am besten, weil sie fast ausschließlich aus Bildern bestand. Ich blätterte sie aufs Geratewohl durch und überlegte, was ich nach Miss Songs Ansicht wohl darin finden sollte, wo meine Kiste doch in Kanada ausgegraben worden war. Es gab seitenweise Musketen, Pulverhörner, Uniformen, Gürtel, Schwerter und Hüte darin; Werkzeuge der Pionierzeit wie Äxte – ich erkannte die Axt, die ich im Garten gefunden hatte, wieder – Beile, Pflüge und Geschirre; Kleider, Hauben, Lederhosen und Schuhe. Drei CDs liefen durch, während ich die Bilder studierte, und als ich das Buch schließlich zuklappte, war ich in der Lage, meinen Notizen vier weitere Zusätze hinzuzufügen. Und es waren eine Menge Fragen aufgetaucht.

Die rußbedeckten Steine, die ich in demselben Loch wie die Kiste ausgegraben hatte, waren wahrscheinlich die Reste des Kamins und der Feuerstelle einer Pionierhütte. Was bedeutete, dass unser Haus fast genau auf jenem Grundstück stand. Wer hatte auf unserem Boden gelebt? War die Hütte abgebrannt oder verfallen, nachdem sie verlassen worden war?

Der Juwelier Piffard schien Recht gehabt zu haben: Das Nugget war wohl in einer Gussform für Kugeln gegossen worden. Bilder von entsprechenden Werkzeugen befanden sich in dem Buch. Aber warum goss jemand Gold in eine Kugelform? Um einen Werwolf damit zu erlegen?, fragte ich mich lachend und prustete Mais-Chips-Brösel über meine ganze Arbeit. War es einfacher, das Gold in Form einer Schrotkugel mitzunehmen oder zu verstecken, statt als Goldstaub? Oder war es eine Münze gewesen, die eingeschmolzen worden war?

Ich kam schließlich zum Ergebnis, dass die Lederriemen doch keine Gürtel gewesen sein konnten. In dem Buch war die Ausgehuniform eines der *Butlers Rangers* abgebildet. Die *Rangers* waren ein Regiment britischer Soldaten, die die Amerikaner nach Partisanenart bekämpften, mit Indianern als Verbündeten. Die Riemen wurden gekreuzt über Schultern und Brust getragen. An ihnen war auf der einen Seite ein Schwert und auf der anderen Seite eine Munitionsbüchse befestigt gewesen. War der Besitzer der Hütte, der Pionier, also ein Soldat gewesen?

Diese Frage schien durch die Art der Kiste beantwortet – das war nämlich die aufregendste Entdeckung. Sie wurde Dokumentenkiste genannt – ich entdeckte sie auf Seite 256 des Buches. Die Krone repräsentierte England und die Initialen *GR* standen für Georgius Rex – König Georg, der zur Zeit der amerikanischen Revolution an der Regierung war.

Mit anderen Worten: Meine blöde, halb verrottete Kiste war über zweihundert Jahre alt! Und das bewies, dass ihr Inhalt mindestens ebenso alt war.

Ich schlief erst spät ein. Mir drehte es sich im Kopf und Frage über Frage wurde aufgeworfen. Wer hatte vor zweihundert Jahren am Ufer des Grand River auf unserem Grundstück gelebt? Warum hatte er oder sie die Kiste vergraben? Um sie zu verstecken? Um sie vor oder für jemand zu retten?

»Was ich tun muss«, flüsterte ich in die Dunkelheit, »ist, die Eigentümerurkunde des Grundstücks überprüfen.« Als Mom und Dad das Anwesen gekauft hatten, hatte ich gehört, dass ein Anwalt erst mal die Grundbucheintragung überprüfen musste, um festzustellen, dass das Eigentum nicht mehr belastet war, und um sicher zu gehen, dass die Person, die es verkaufte, auch der rechtmäßige Besitzer war. Dad hatte mir erklärt, dass beim Grundbuchamt alle Besitzer eines Grundstücks verzeichnet wären, bis hin zu demjenigen, der es erstmals von der Krone erworben hatte. Vielleicht konnte ich dadurch einen Hinweis auf die Person finden, die die Kiste, das Nugget, die Riemen und …

Erst jetzt fielen mir die C-förmigen Eisen wieder ein. Was soll's, dachte ich, ich kann ja doch nicht einschlafen.

Ich stand am Spülbecken, die Arme bis zu den Ellbogen in schmutzigem, seifigem Spülwasser, und hatte fast eine ganze Schachtel mit Topfkratzern aus Stahlwolle aufgebraucht. Ich arbeitete leise, damit meine Eltern nicht aufwachten.

Durch das Lösungsmittel, in dem ich die Eisen eingeweicht hatte, war der meiste Rost an der Oberfläche aufgeweicht worden, und mit Hilfe der Stahlwolle ging er ziemlich leicht ab. Nach einer halben Stunde Schrubben entschied ich, dass die Dinger so sauber waren, wie es eben ging. Ich trocknete sie mit einem Geschirrtuch ab – das vom Rost völlig verschmutzt wurde – und kehrte mit den Eisen in mein Zimmer zurück.

Unter meiner Schreibtischlampe sah der Gegenstand schwärzlich aus. Die Oberfläche war durch die Korrosion löchrig und rau. Ich fuhr mit den Fingerspitzen, die vom vielen Schrubben ganz zart geworden waren, über das Eisen und bemerkte eine Stelle, die flach geklopft worden war.

Ich richtete die Lupe auf diese Stelle. Drei Buchstaben, kaum zu entziffern, waren in das Metall gekratzt oder gehämmert. *R P*, dann eine große Lücke und dann *T*. Wieder kramte ich in der Schreibtischschublade. Froh darüber, dass ich nie etwas wegwarf, klappte ich die kleinste Klinge des Schweizer Taschenmessers auf, das Mom mir zum zehnten Geburtstag geschenkt hatte. Vorsichtig schabte ich zwischen den Buchstaben über das Metall. Langsam kamen die restlichen Buchstaben einer nach dem anderen zum Vorschein: *R. Pierpoint*.

Meine Begeisterung kannte keine Grenzen. Ich hatte einen Namen. Ich hatte einen Ausgangspunkt.

12

Das Wellington County Museum, ein großes Ungetüm grauer Steine aus den Steinbrüchen der Gegend, das wie eine Schuhschachtel aussah und in der Mitte einen Turm hatte, lag breit auf einem großen Hügel an der Ausfahrtstraße 18 zwischen Fergus und Elora und wirkte so einladend wie ein Gefängnis. Was es übrigens auch mal gewesen war – sozusagen. Der Tafel zufolge, die neben dem Eingang an der Mauer angebracht war, war das Gebäude 1877 als ›Haus der Arbeit und Zuflucht‹ erbaut worden – mit anderen Worten: als Armenhaus.

Ich schloss mein Fahrrad ab und setzte den Rucksack auf. Direkt hinter der Eingangstür befand sich zur Linken ein Treppenhaus und daneben ein kleiner Empfangsschalter aus poliertem Holz. Hinter dem Schalter saß eine ältere Frau an einem unordentlichen Schreibtisch. Vor ihr lag ein aufgeschlagenes Buch. Als sie die Tür quietschen und hinter mir zufallen hörte, wandte sie sich um.

»Hallo«, sagte sie. »Ist das dein erster Besuch in unserem Museum?«

Ihr Haar war silberweiß, ihr Gesicht gefurcht und freundlich.

»Ja.«

»Es kostet vier Dollar Eintritt. Schüler und Studenten zwei.«

»Was ich eigentlich wissen wollte, gibt es hier jemand, mit dem ich mal reden kann, der sich in Geschichte und so auskennt?«

Grundgütiger, Matt, dachte ich. Geschichte und so. In einem Museum. Bin ich denn blöd?

»Du meinst den Kustos?«

»Stimmt, genau.«

»Einen Augenblick, bitte.« Sie nahm den Hörer ab, drückte auf eine Taste und sprach kurz leise hinein. »Er kommt gleich.«

»Danke.«

Aus irgendeinem Grund hatte ich erwartet, dass jeder, der in einem Museum arbeitete, alt sein müsste. Der Typ, der aus der Tür hinter der Treppe trat, war um die dreißig, schlaksig und hatte dichtes, leuchtend rotes Haar. Er trug ein Jeanshemd und Korksandalen.

»Was kann ich für dich tun?«, begrüßte er mich.

»Ich bin an einem Schulprojekt und wollte fragen, ob Sie sich mal ein paar Sachen ansehen könnten.«

»Komm mit.«

Er führte mich in ein kleines Büro, dessen Wände mit Regalen bedeckt waren, die mit Büchern, Krimskrams, Schachteln mit Disketten und verschiedenen Kunstgegenständen vollgestopft waren.

60

Auf dem aktenbeladenen Schreibtisch standen ein Telefon, drei Kaffeebecher, alle drei gebraucht, ein Computer und eine völlig verstaubte Stiftablage mit Füllern.

Der Kustos hielt mir die Hand hin. »Ich heiße Murray Knox.«

»Matt Lane.« Ich schüttelte ihm die Hand.

»Setzt dich«, forderte er mich auf und ließ sich auf den Stuhl hinter dem Schreibtisch nieder. »Und was ist das für ein Projekt, an dem du da arbeitest?«

Ich gab ihm ein ungefähres Bild, wobei ich eine Menge gar nicht erwähnte, da ich immer noch so viel wie möglich geheim halten wollte. Von der Kiste, den Riemen und dem Nugget erzählte ich nichts.

»Regionalgeschichte, aha. Darauf sind wir ja gerade spezialisiert.«

Ich öffnete meinen Rucksack, nahm die miteinander verbundenen Eisen heraus und legte sie auf seine Schreibtischunterlage.

»Sieh mal einer an«, sagte er, ohne sie zu berühren, aber doch offensichtlich interessiert. »Das hast du also in eurem Garten ausgegraben.«

»Ja.«

»Wo wohnt ihr?«

Ich sagte es ihm.

»Heiliger Strohsack«, murmelte er. »Was dagegen, wenn ich sie anfasse?«

»Keine Spur.«

Er nahm die Eisen hoch und mit einer geschickten Bewegung legte er sie so zusammen, dass sie einen Ring bildeten und dass die beiden rechteckigen Ösen aneinander lagen. »Mmhm«, sagte er. Er sah zu mir auf und seine Augen glänzten vor Aufregung. »Und was willst du dazu wissen?«, fragte er mich.

»Ich will wissen, was das ist«, erwiderte ich und musste an die Warnung vom ›Buch‹ denken, dass mir die Antwort nicht gefallen würde.

Er wurde rot.

»Entschuldige«, sagte er, »Das war mir nicht klar.«

»Es war Ihnen nicht klar … ich versteh Sie nicht recht, Mr Knox.«

»Es handelt sich um ein Halseisen. Du hast anscheinend noch nie eines gesehen?«

»Nein.« Ein Halseisen. Wer um Himmels willen trug denn so was? Und warum benahm sich dieser Typ so komisch? Er tat ja gerade so, als hätte er mir soeben mitteilen müssen, dass ich nur noch sechs Monate zu leben hätte.

»Siehst du?« Er hielt den Ring hoch und sprach zögernd. »Diese D-förmigen Ösen konnten von einem Vorhängeschloss mit Kette zusammengehalten werden. Oder, falls der Sklave Teil einer Schar war – einer Gruppe von Sklaven –, konnte man einen Strick oder eine Kette durchziehen, von Sklave zu Sklave, damit alle hintereinander im Gänsemarsch laufen mussten und die Flucht unmöglich wurde.

Mein Kopf wollte einfach nicht schalten. »Sklave?«, flüsterte ich mit trockenem Mund.

»Ja. Tut mir Leid, was ich dir da sagen muss.«

Ich schluckte heftig und setzte mich aufrecht. Erst jetzt begriff ich, warum er so verlegen war. Er war nicht der Einzige.

»Es steht … es steht ein Name drauf«, berichtete ich.

»Ja, das ist nicht ungewöhnlich«, erwiderte er, während er den Eisenring wie abwägend in der Hand hielt. »Das ist der Name des Sklavenbesitzers – und natürlich auch der des Sklaven.«

In meinem Kopf wurde es allmählich wieder klar. »Ich versteh nicht ganz.«

»Normalerweise bekam der Sklave den Namen des Besitzers. Das ist der Grund, äh, warum Schwarze in Amerika und Kanada im allgemeinen englische Nachnamen haben. Lass mal sehen, was da steht.«

Er hob den Ring näher an die Augen und drehte ihn, bis er die Buchstaben entdeckte. »Das gibt's doch nicht.«

»Kennen Sie den Namen?«

»Pierpoint? Aber sicher. Matt, du hast eine bedeutende Entdeckung gemacht. Komm mit.«

TEIL ZWEI

Die wahre Geschichte des Richard Pierpoint

alias

Richard Parepoint

alias

Captain Dick

alias

Black Dick

alias

Pawpine

Aufgeschrieben von Matthew Lane,
Ur-ur-ur-ur-ur-urgroßenkel eines afrikanischen Sklaven.

Liebe Miss Song,

hier ist also mein Projekt. Tut mir Leid, dass es so lang geworden ist und auch zu spät kommt, lange nach dem Abgabetermin, aber ich habe mich richtig hineingekniet und wohl zu sehr mitreißen lassen. Ich wollte auch nichts unerwähnt lassen. Ich will mich jetzt nicht rausreden, aber allein über die ›Atlantiküberquerung‹ habe ich zwei Bücher gelesen, ganz zu schweigen von je einem Buch über die Kriege. Und ich hab Milliarden von Stunden (na ja, fast) damit zugebracht, im Museum Dokumente aus dem Archiv zu studieren (Mr Knox war mir eine große Hilfe), auf dem Grundbuchamt nach Besitzurkunden von unserem Grundstück zu suchen und im Internet zu surfen, um etwas über einen Mann herauszufinden, von dem die meisten Menschen nie etwas gehört haben.

Die britische Dokumentenkiste aus dem Revolutionskrieg haben Sie ja gesehen, ebenso die beiden Schulterriemen, das Nugget und das Halseisen für Sklaven. Dieses Projekt soll die Geschichte des Mannes erzählen, dem das alles gehörte.

Ich weiß, dass eine historische Arbeit eigentlich objektiv sein sollte, aber ich habe beschlossen, dies hier als Geschichte aufzuschreiben, denn die Fakten sind nur ein Teil davon. Und egal, wie sehr ich mich bemühte, ich konnte nicht unbeteiligt bleiben. Ich hoffe, dass ich deswegen nicht durchfalle, aber wenn es so sein sollte, kann ich auch nichts ändern.

Vielen Dank, dass Sie mir diesen Versuch zugestanden haben. Selbst wenn ich durchfalle, war es die Sache wert.

P.S. Jen hat mir beim Tippen geholfen. Ich hoffe, das ist erlaubt.

P.P.S. Die Fußnoten habe ich vergessen, aber dafür ist es nun zu spät.

Ihr Schüler Matt

Es ist, als hätte man die Ereignisse seines Lebens auf kleine Karten geschrieben und diese dann in den Wind geworfen. Alle, die ich finden konnte, habe ich gesammelt und versucht, in eine Art Reihenfolge zu bringen. Viele Karten sind verloren gegangen. Es treten Lücken auf und es gibt mehr Fragen als Antworten.

Er wurde 1744 in Bondu, Senegambien, in Westafrika geboren, in einem von Wasser durchzogenen Land mit Feuchtgebieten und flachem Grasland. Er hätte ein Wolof oder ein Mandingo sein können, gehörte aber wohl eher zu den Fulani, dem bedeutendsten Stamm der Provinz Bondu. Wahrscheinlich war er Moslem und vielleicht hat er lesen und schreiben können.

Die Bewohner Senegambiens bauten Baumwolle, Tabak, Mais und Reis an. Sie waren versierte Händler und erfahrene Viehzüchter. Sich ihn als tumben Wilden des Urwalds vorzustellen, wäre etwa genauso falsch wie die Vorstellung, die englische Königsfamilie der damaligen Zeit habe sich in stinkende Tierhäute gekleidet und in Höhlen gelebt. Land gab es in Hülle und Fülle, aber Landarbeiter fehlten, deshalb gehörten Krieg und Sklaverei zu den bitteren Tatsachen des Lebens. Ein Stamm überfiel den anderen, schleppte seine Menschenbeute davon und zwang diese dazu, Pflanzungen anzulegen und Vieh zu hüten. Die europäischen Sklavenhändler, die im achtzehnten Jahrhundert sechzig Prozent der westafrikanischen Bevölkerung über den Atlantik transportierten, hatten die Sklaverei nicht erfunden. Sie kauften ihre Sklaven von Afrikanern.

Als er das Alter erreicht hatte, mit dem man bei uns gewöhnlich die Schule verlässt, wurde er bei einem dieser Überfälle gefangen genommen. Die Hände auf dem Rücken zusammengebunden und mit einem Strick an andere Männer, Frauen und Kinder gefesselt – so wurde er zu dem breiten Gambia-Fluss getrieben und stromabwärts nach James Fort verschifft, einer Inselfestung in der Nähe der Küste. Dort wurde er an Europäer verkauft.

Ehe er auf das Schiff getrieben wurde, das in der Flussmündung vor Anker lag, wurde er zu Boden geworfen. Talg wurde ihm auf den Bauch geschmiert und mit Ölpapier abgedeckt. Mit einem Eisen, das im Feuer erhitzt wurde, bis es rot glühte, wurde er gebrandmarkt. Er gehörte nun der Königlichen Afrikanischen Kompanie. Er war ein Stück Fracht.

Die Atlantiküberquerung, die teuflische Seereise in die Neue Welt, konnte zwischen zwei Wochen und zwei Monaten dauern, und man kann sich nur schwer vorstellen, wie er sie überlebte. Er war an einen anderen Mann gekettet und alle wurden gezwungen, Hüfte an Hüfte, Schulter an Schulter auf einem Brett in dem dunklen, stickigen, heißen Frachtraum zu liegen. Das nächste Brett befand sich nur ein paar Zentimeter über ihm. Beim Schaukeln und Schlingern des Segelschiffes scheuerten die rauen Planken seine schweißbedeckte Haut auf und hinterließen offene, nässende Wunden.

Der Laderaum war eine faulige Grube, erfüllt von durchdringendem Gestank – von Urin, Erbrochenem, Fäkalien und dem säuerlichen Geruch von Essig, mit dem die Sklavenhändler den halbherzigen Versuch machten, den üblen Gestank einzudämmen. Um ihn herum schrien und stöhnten Männer im Dunkeln in ihren jeweiligen Sprachen. Viele starben, verzehrt von Verzweiflung. Jeden Tag wurde er mit den anderen auf Deck gezerrt, an die Reling gekettet, gefüttert und gezwungen zu tanzen, während ihn die Matrosen eimerweise mit eiskaltem Meerwasser übergossen, um ihn zu waschen. Einige der Sklaven konnten sich losreißen und stürzten sich in den eiskalten Ozean.

Die meisten, die starben, erlagen dem ›Blutfluss‹, einer chronischen Darminfektion, die ihnen die Flüssigkeit in heftigen, schmerzhaften Krämpfen aus den Eingeweiden presste. Sie starben daran, wo immer sie gerade auf den Pritschen lagen, inmitten ihrer stinkenden Exkremente. Im Durchschnitt wurden fünfzehn Prozent der ›menschlichen Fracht‹ über Bord geworfen.

Er weigerte sich zu sterben. Er widerstand den tödlichen Krankheiten, die das Schiff heimsuchten, und der schrecklichen Verzweiflung, die ihn jede Minute eines jeden Tages in Versuchung führte, aufzugeben.

Nach zwei Monaten des Grauens wurde er ausgeladen, nur noch ein Skelett in schwarz glänzender Haut, bedeckt von Narben und Wunden, mit tiefen Augenhöhlen. Wahrscheinlich befand er sich auf Barbados. Man gab ihm eine Salbe zum Einreiben der geschundenen Haut, mästete ihn einige Wochen lang, und als er vorzeigbar aussah, brachte man ihn zur Auktion aufs Festland. Wohin? Auf den Sklavenmarkt von Charleston in South Carolina, nach Boston, nach New York? Egal auf welchem Weg er in die Kolonien gelangte, die England ›gehörten‹, er wurde von der Königlich Afrikanischen Kompanie an einen gewissen Pierpoint verkauft, einen britischen Soldaten. Man gab ihm den Namen Richard.

Als ich an diesem Projekt zu arbeiten begann, war ich der Ansicht, ein Sklave sei einfach eine Person, die wie ein Wagen, ein Pferd oder eine Axt einer anderen Person gehörte. Ein Sklave sei jemand ohne Freiheit. Aber sie haben ihm noch mehr als diese genommen. Sie raubten ihm sein Heim, seine Familie, seine Wurzeln und, was vielleicht das Schlimmste war, seinen Namen. Seine Religion wurde als ketzerisch bezeichnet. Seine Sprache galt als Kauderwelsch. Man verachtete seine Geschichten und seine Musik.

Dennoch gab es einige Dinge, die sie ihm nicht nehmen konnten – seine Willenskraft und seinen Verstand, seinen Mut und seine Würde.

Obwohl auch in Pierpoints Geburtsland Sklaverei herrschte, war die Situation in den amerikanischen Kolonien um 1760 in vieler Hinsicht schlechter. Es gab Tausende und Abertausende gefangener Afrikaner, die auf Plantagen schufteten oder als Haussklaven

Dienst taten. Es gab auch weiße Sklaven, die allerdings nicht ihr Leben lang leibeigen blieben: ausgebildete Diener, die einem Herrn für eine gewisse Zeitspanne verkauft wurden; Sträflinge, die in die Neue Welt abgeschoben und als Arbeiter verdingt wurden, bis sie die Kosten ihrer Überfahrt ›abgearbeitet‹ hatten; Matrosen, die man in den Dienst gezwungen hatte (eingefangen, an Bord eines Schiffes geschleppt und festgehalten, bis es weit draußen auf See war). Ein anderes menschliches Wesen zu besitzen war etwas ganz Normales. Der Mann, der die Unabhängigkeitserklärung der Vereinigten Staaten verfasste, war Plantagenbesitzer, dessen afrikanische Knechte sein Eigentum waren. Und als er schrieb, dass alle Menschen gleiche Rechte besitzen, meinte er damit nur weiße Männer. Der Mann, der die Zeilen schrieb: »Gebt mir Freiheit oder gebt mir den Tod« war Besitzer von mehr als sechzig Sklaven.

Im Land der Planwagen, Pferde und Lehmstraßen, der riesigen Plantagen und der primitiven einsamen Gehöfte, der Forts und der wenigen Städte, die nur winzige Punkte in dem riesigen waldbedeckten Gelände waren, muss sich der sechzehnjährige Junge aus Bondu stets ausgegrenzt und einsam vorgekommen sein. Er war der persönliche Diener eines britischen Offiziers, der wahrscheinlich auf die meisten Mitglieder seines Regiments heruntersah und erst recht auf einen schwarzen Sklaven.

Richard Pierpoint musste eine neue Sprache und fremde Bräuche lernen. Aber er schaffte es. Er schaffte all das und noch viel mehr.

Und für die nächsten zwanzig Jahre hörte man nichts mehr von ihm.

Richard Pierpoint tauchte ausgerechnet in Fort Niagara wieder auf, genau gegenüber vom heutigen Niagara-on-the-Lake, auf der anderen Seite des Flusses. Inzwischen war es ihm gelungen, seine Freiheit zu erlangen, indem er sich für König Georg zum Kampf gegen die Amerikaner gemeldet hatte – für denselben

König übrigens, dessen Sklavenkompanie ihn gekauft, gebrandmarkt und weiterverkauft hatte. Er wurde jetzt Captain Dick oder auch Pawpine genannt und war im Corps der ›Butler's Rangers‹, einem Regiment der britischen Armee, das häufig durch indianische Verbündete ergänzt wurde.

Was war in den zwanzig Jahren geschehen? Zum einen fand der amerikanische Unabhängigkeitskrieg statt. Er tobte immer noch, als Pierpoint in Fort Niagara eintraf. Zu jener Zeit gehörte die Region nördlich des Ohio River und westlich der Allegheny Mountains zum britischen Teil Nordamerikas, nicht zu den amerikanischen Kolonien. Als Mitglied der ›Butler's Rangers‹ bekämpfte Pawpine die Amerikaner. Sie führten vom Hudson bis zu den Flüssen Kentuckys einen erbitterten und grausamen Guerillakrieg, um der amerikanischen Armee die Nachschubwege abzuschneiden.

Im Juli 1784, ein Jahr nach Ende des Krieges, verließ er im Alter von sechsunddreißig Jahren die Armee als erfahrener Veteran und verschwand wieder vier Jahre lang aus den Annalen. Wahrscheinlich blieb er in der Gegend und bestritt sein Leben als Arbeiter oder Knecht, denn 1788 wurde ihm aufgrund seines Kriegsdienstes ein zweihundert Morgen großes Stück Land am Twelve Mile Creek zuerkannt, in der Nähe des heutigen St. Catherines in Ontario. Drei Jahre lang arbeitete er daran, das Land zu roden und eine Behausung zu bauen – eine Bedingung der Zuerkennung – und im Januar 1791 wurden die Parzellen 13 und 14, Konzession 6, sein Eigentum. Später verkaufte er sie dann. Warum? Waldland zu Farmland zu machen war eine gefährliche, mühevolle Arbeit. Warum sich den ganzen Strapazen aussetzen, nur um die Farm wieder zu verkaufen?

Das Grenzland um Niagara war von Irokesen, Holländern, Juden, Schotten, Deutschen und vielen Amerikanern aus den Vereinigten Staaten bewohnt, die England die Treue hielten, aber nur von *wenigen Afrikanern. Die Regierung war weiß wie Elfenbein und ebenso undemokratisch gesonnen wie die obere Gesellschaftsschicht. Pawpine, Veteran und Landbesitzer, war und blieb ein Außenseiter. Er hatte das Gefühl, nicht dazuzugehören, unwillkommen zu sein.*

Nun fragen Sie sich sicher, Miss Song, woher will Matt das denn wissen? Meine Antwort ist folgende: 1794 machten Pawpine und eine Anzahl weiterer freier Afrikaner eine Eingabe bei Gouverneur John G. Simcoe. Wer waren diese Leute? »*Veteranen des letzen Krieges und andere, die frei geboren sind samt einer Anzahl, die seit dem Frieden nach Kanada gekommen sind.*« *Was war ihr Anliegen? Sie hatten* »*den Wunsch, sich in unmittelbarer Nachbarschaft zueinander niederzulassen, damit sie denjenigen unter ihnen, die es am meisten nötig hatten, ihre Hilfe anbieten könnten*«. *Sie baten den Gouverneur, ihnen* »*ein von weißen Siedlern abseits gelegenes Stück Land zu gewähren, auf dem sie sich niederlassen könnten*«. *Warum hätten sie wohl solch eine Eingabe gemacht, wenn sie integriert gewesen wären?*

Der Gouverneur behandelte die Eingabe abschlägig.

Aber es kam noch schlimmer. Der nächste Gouverneur, Peter Hunter, ließ Pawpines Namen von der Liste der ›United Empire Loyalists‹ streichen. Nach 1806 wurde Pawpine, der für den König gegen die Amerikaner gekämpft hatte, nicht mehr als ›loyaler Patriot‹ betrachtet. Warum? Ich glaube, weil er schwarz war.

Sechs Jahre vergingen, in denen sein Name nirgendwo auftaucht. 1812 fingen die Amerikaner wieder Streit mit den Briten an und drangen in Kanada ein, um sich noch mehr Land anzueignen, als ob ein halber Kontinent nicht Raum genug sei. Und wer meldete sich wohl bei der Armee?

Pawpine, der in Grantham Township kein Land mehr besaß, war nicht etwa ein junger Spund, der auf ein Abenteuer aus war oder

70

den es juckte, die Farm zu verlassen und eine Flinte zu tragen. Er war inzwischen achtundsechzig Jahre alt. Er bot der Armeeführung an, »ein Regiment farbiger Männer im Grenzgebiet Niagara zusammenzustellen«. Nein danke, sagten die Briten. Aber als sich ein englischer Hauptmann namens Runchey bereit erklärte, die rund dreißig Schwarzen anzuführen, stimmten sie zu. Wir lassen euch kämpfen, sagten die Engländer zu Pawpine, aber du darfst nicht der Anführer sein.

Man könnte diesen Krieg wohl als einen der lächerlichsten aller Zeiten bezeichnen – so viele Böcke wurden geschossen und so viel Mist wurde gebaut, dass es schon fast komisch erscheint –, hätte es nicht so viele Tote gegeben. Pawpine war mitten im Kampfgetümmel – bei der Belagerung von Fort George, den Schlachten von Lundy's Lane und Queenston Heights. Henry Clay hatte dem amerikanischen Kongress im Februar 1810 weisgemacht, dass »selbst die Miliz von Kentucky« in der Lage wäre, Montreal samt Zentralkanada einzunehmen. Wie peinlich muss es ihm gewesen sein zu erfahren, dass ein Teil Washingtons von den Briten niedergebrannt wurde und dass die Rotröcke bis nach New Orleans vordrangen. 1815 gewannen die Amerikaner die letzte Schlacht – zwei Wochen, nachdem die Friedensbedingungen ausgehandelt worden waren und der Krieg vorbei war. Der Großteil des Krieges hatte auf kanadischem Boden stattgefunden. Nicht ein einziger Morgen Land wechselte den Besitzer.

Pawpines Name taucht in den Papieren auf, mit denen das ›farbige Regiment‹ von Runchey offiziell entlassen wurde. Er verdiente sich erneut als Arbeiter einen kümmerlichen Lebensunterhalt und verschwand wieder sechs Jahre lang in der Versenkung.

Mit siebenundsiebzig Jahren lebte Pawpine in Niagara-on-the-Lake, ein einsamer alter Mann ohne Familie und mit nur wenigen Freunden. Versehen mit der Bürgschaft des Generaladjutanten der Miliz, der den Dienst eines »treuen und verdienst-

vollen Negers« während zweier Kriege lobte, reichte er bei Leutnant Gouverneur Maitland am 21. Juli 1821 folgende Petition ein: »*Alt und ohne Eigentum versehen, fällt es mir äußerst schwer, durch die Arbeit meiner Hände mein Leben zu fristen.«*

Worum bat er? Land? Geld? Arbeit? Nein.

»Erfüllt von dem Wunsch, in meine Heimat zurückzukehren«, bat er um eine Zuteilung: die Überfahrt zurück nach Afrika.

Pawpine bekam auch eine Zuteilung … die ›Zuteilung‹ einer Parzelle ungerodeter Wildnis, hundert Meilen Luftlinie von Niagara-on-the-Lake entfernt, mit den üblichen Auflagen: roden und besiedeln.

Er brauchte vier Jahre, doch er schaffte es wieder. Seine Hütte wurde am Ufer des Grand River errichtet. Wenn es sie noch gäbe, dann stünde sie in unserem Garten, direkt hinter unserem Haus. Ich wohne auf seiner Farm.

Wenn er unter der Hüttentür saß und über den grauen, zugefrorenen Fluss auf die Schneefelder starrte, wie konnte er anders, als von dem heißen, feuchten Gambia zu träumen, von seinem Dorf und seiner Familie und seinen Freunden? Ob er sich wohl an die Geschichten und Lieder noch erinnerte? Ob er die Sprache überhaupt noch konnte? Er war allein nach Nordamerika gekommen und elf Jahre nach der Rodung seines Landes starb er alleine. Er war über neunzig Jahre alt geworden.

Einige Zeit vor seinem Tod nahm er seine mit Leder bezogene Dokumentenkiste. Dort hinein legte er seine Schulterriemen der ›Butler's Rangers‹. Er muss stolz darauf gewesen sein, zu den Rangers zu gehören. Er wickelte sein Sklaveneisen in geöltes Leder und legte es ebenfalls in die Kiste. Warum hatte er das Eisen aufgehoben? Weil es die Verbindung zu seiner Jugend bedeutete? Dann fügte er sein bisschen Gold hinzu und vergrub die Kiste dort, wo jetzt die Fliederbüsche meiner Mutter wachsen.

Miss Song, immer, wenn wir mit einem Thema fertig sind, lassen Sie einen Test schreiben, um zu sehen, was wir gelernt haben.

Obwohl Pawpine sein Leben in einem fremden Land verbracht hat, bin ich sicher, dass er in seinem Innern immer Afrikaner geblieben ist. Er gab nie auf, buckelte vor niemandem und vergaß niemals, wer er war und woher er gekommen war.

Ich selbst bin nicht in Afrika geboren, aber die Vorfahren meiner Mutter sind es. Man hat sie aus ihren Häusern geholt, sie haben die schreckliche Überfahrt überlebt, sie haben gelebt und sind gestorben, haben Familien gegründet und hart gearbeitet.

Ich weiß, dass es verrückt klingt, Miss Song, aber ich fühle mich Pawpine verbunden, als sei er ein Teil meiner Familie. Er hat mir etwas gegeben, das ich immer vermisst habe. Und sein Klümpchen Gold ist wie ein Geschenk, das all die Jahre darauf gewartet hat, dass ich es finde.

Ich habe einen Plan, von dem ich bisher noch keinem erzählt habe, und mit Hilfe des Goldes kann ich ihn durchführen. Ich glaube, er wäre darüber erfreut gewesen.

ENDE

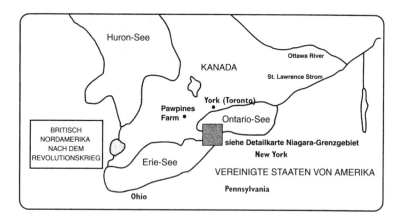

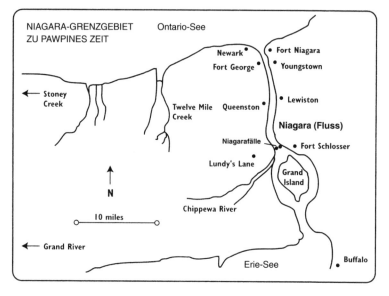

TEIL DREI

1

Ich hatte tatsächlich einen Plan. Aber ich hatte auch ein paar Probleme. Das Ganze kam mir in den Sinn, nachdem Mom mir erzählt hatte, dass sie auf eine zehntägige Veranstaltung zum Maple Leaf Blues Festival nach Montreal fahren und dass Dad sie begleiten würde. Er hielt es nicht aus, wenn sie länger als zwei, drei Tage fort war. Als Mom mich fragte, ob ich mitkommen wolle, kam mir die Idee: Während sie weg waren, konnte ich auf eigene Faust losziehen. Deshalb lehnte ich dankend ab.

Seit meinem Besuch im Wellington County Museum war mir eine Menge durch den Kopf gegangen. Wahrscheinlich merkte man mir rein äußerlich nichts an, aber ich spürte, wie ich mich innerlich veränderte. Es klingt seltsam, aber als mich Knox über die Eisenringe aufklärte, schämte ich mich und kam mir erniedrigt vor, als ob ich irgendwie in meinem Wert gemindert worden sei. Ich hatte nie viele Gedanken an die Tatsache verschwendet, dass meine Vorfahren mütterlicherseits vor nicht allzu vielen Generationen Sklaven gewesen waren.

Während der folgenden Tage war ich ziemlich verwirrt. Ich war bedrückt, dann wurde ich wütend auf mich selbst – warum sollte ich mir schlecht vorkommen, fragte ich mich – dann bekam ich eine Wut auf die anderen. Dad glaubte, dass ich mir wegen der Schule Sorgen machte. Mom zog erstaunt die Augenbrauen hoch, wenn ich sie anfuhr, und sie betrachtete mich dann mit einem dieser verständnisvollen Blicke, die sie für sich gepachtet hatte und die mich zur Weißglut brachten. Jen machte mich mehr als einmal darauf aufmerksam, dass sie wohl das einzige weibliche Wesen im Land sei, das mich ertragen würde.

Aber als ich meine Untersuchungen über Pawpine dann schließlich abgeschlossen hatte, war ich stolz auf meine afrikanischen Vorfahren. Mag sein, dass sie keine Familienwappen hatten, dass keine Städte nach ihnen benannt worden waren, aber sie hatten sich, genau wie Grandpa es von den Lazarovitchs erzählt hatte, einen Platz im Leben erobert.

Ich wollte meinen Großvater mütterlicherseits kennen lernen und meine Verwandten aus den USA. Die einzige Möglichkeit, mit ihnen in Verbindung zu treten, war eine Reise nach Natchez im Staat Mississippi.

Aber meinen Eltern durfte ich nichts davon sagen. Wenn ich Mom gegenüber auch nur andeuten würde, dass ich mit meinem Großvater in Kontakt treten wollte, hieße das, Öl in die Flammen zu gießen. Ganz zu schweigen von der Tatsache, dass meine Eltern niemals erlauben würden, allein eine Reise in unserem Wagen zu machen.

Es bedurfte meiner ganzen Überredungskunst und wiederholter Hinweise, dass ich kein Kindergartenkind mehr sei und eine Woche oder so auf mich selbst aufpassen könnte, ehe Mom und Dad zustimmten, dass es nicht nötig sei, mich während ihrer Abwesenheit zu meinen Großeltern zu schicken. Ich tat so, als wolle ich nicht so lange von Jen getrennt sein – was auch stimmte, nur dass ich nicht erwähnte, dass Jen mit ihren Eltern zwei Wochen lang nach Calgary flog.

Das letzte Problem war mein größtes – Geld. Ich hatte etwa sechzig oder siebzig Dollar auf dem Konto, Erspartes von Geburtstagsgeld und dem einen oder anderen Job, aber ich brauchte viel mehr als das für Benzin und Essen und so weiter. Ich musste nicht sehr lange nachdenken, ehe ich auf eine Lösung kam.

Als ich den Juwelierladen betrat, saß Mr Piffard in seinem Sessel hinter dem Ladentisch. Seine Brille war ihm auf die Spitze seiner riesigen Hakennase gerutscht und er las Zeitung. Eine Tasse, aus der der Faden eines Teebeutels hing, stand neben der ovalen roten Samtmatte. Er sah auf, als die Türglocke bimmelte, und die Zigarre wanderte ruckartig von einem Mundwinkel in den anderen.

»Tag«, sagte er.

»Hi, Mr Piffard.«

»Schöner Tag heute.«

»Äh, ja«, stimmte ich zu und drehte das Goldnugget in der Tasche zwischen den Fingern. »Echt schön. Sonnig. Schön und sonnig.«

Ich hätte sicher noch weiter dummes Zeug gelabert und mich noch mehr zum Narren gemacht, aber er unterbrach mich.

»Was kann ich für dich tun?«

Ich legte das Gold auf den Samt. »Ich bin gekommen, um Sie beim Wort zu nehmen und Ihnen das hier zum Kauf anzubieten.«

Daneben legte ich einen gefälschten Brief. Jen hatte die Notiz geschrieben und mir die Erlaubnis erteilt, Pawpines Gold zu verkaufen. Sie hatte mit Dads Namen unterschrieben.

»Das ist zu sauber geschrieben«, hatte ich ihr gesagt, als sie mir die erste Version vorgelegt hatte. »Dad ist Uni-Prof. Man kann seine Handschrift kaum lesen.«

Jen hatte ihr Haar unwillig zurückgeworfen. »Warum schreibst du es dann nicht auf dem PC und ich signiere es mit seinem Namen?«

»Weil es aussehen soll, als ob es schnell hingekritzelt worden ist, als ob es gar keine großartige Angelegenheit ist.«

»Dann schreib es doch *selbst*.«

»Was, ich soll so was Unehrliches machen?«

Jen hatte den Brief zusammengeknüllt und ihn mir an den Kopf geworfen. Zwei weitere Entwürfe waren noch nötig gewesen, bis der Schrieb in Ordnung war.

Mr. Piffard überflog den Zettel. »Ist das die Telefonnummer von deinem Vater?«

»Da kann man ihn während der Arbeitszeit erreichen.«

Das war nur halb gelogen. Es war seine Modem-Nummer, die fast den ganzen Tag belegt war. Wenn der Juwelier anrief, würde er das Besetztzeichen erhalten – damit rechnete ich jedenfalls.

»Bist du sicher, dass du das Ding verkaufen willst?«

»Na ja, äh, ziemlich sicher. Nein, doch, ganz sicher.«

»Na gut.«

Ich verließ den Laden mit fast vierhundert Dollar in der Tasche. Kaum war die Tür hinter mir ins Schloss gefallen, wusste ich, dass ich einen Riesenfehler gemacht hatte. Ich hatte ein kostbares Stück Geschichte verkauft, ein Verbindungsstück zu dem Menschen, den ich inzwischen so sehr bewunderte, dass ich das Gefühl hatte, ihn zu kennen. Das Gold würde eingeschmolzen und zu einem Schmuckstück verarbeitet werden, auf immer dahin.

Ich wandte mich um und legte die Hand auf die Klinke. Die Glocke bimmelte wieder. Mr Piffard war nicht im Laden. Gedanken schossen mir durch den Kopf. Hol dir das Nugget sofort zurück! Nein, behalte das Geld! Das Nugget ist unbezahlbar. Andrerseits brauchte ich das Geld. Das Gold war mir geschenkt worden, damit ich tun konnte, was ich tun musste.

Der Vorhang im Hintergrund bewegte sich. Eine Hand erschien und schob ihn zur Seite. Ich drehte mich um und rannte davon.

2

Der letzte Freitag im Juni war gekommen. Ich hoffte, dass man es mir nicht allzu deutlich anmerken würde, dass ich Mom und Dad loswerden wollte. Obwohl ihr Flugzeug erst um elf ging, war Dad schon um sechs auf. Er tapste und klapperte herum und machte ein Riesengetue und stand sich selbst im Weg.

Am vergangenen Abend hatte Mom drei Gitarren in den Kästen verstaut – die elektrische, ihre sechssaitige Lieblingsgitarre und, »falls ein paar Altgediente ein bisschen Folk jammen wollen«, ihre zwölfsaitige. Außerdem hatte sie einen Koffer mit Klamotten gepackt. Ihren Kulturbeutel stopfte sie in letzter Minute in einen Rucksack und steckte noch ein paar Romane und ihre Sonnenbrille hinzu. Sie war ein alter Hase, was Reisen anging.

Dad schien das noch nicht bemerkt zu haben, so wie er sie mit Fragen bombardierte. Sollten wir jenes noch mitnehmen? Hast du dieses eingepackt? Er, der ja im Grunde nur als Groupie mitkam, hatte zwei Koffer mit absolut allem, von seinem Laptop über Klausuren, die er benoten musste, Fachblätter, die er endlich lesen wollte, bis hin zu Klamotten, mit denen er eine ganz Kompanie einen Monat lang hätte versorgen können.

Das Letzte, was er tat, gab mir echt einen Stich. Ohne auch nur den Versuch zu machen, es zu verbergen, schrieb er sich den Kilometerstand des Wagens auf. Er wollte mir damit zu verstehen geben, dass ich ihn nicht allzu viel benutzen sollte. Da wirst du aber Augen machen, wenn du heimkommst, Dad, dachte ich.

Wir luden den ganzen Schlamassel hinten auf die Ladefläche und machten uns zum Flughafen auf. Anderthalb Stunden später fuhr Dad am Eingang der Abflughalle vor, argwöhnisch beäugt von einem Polizeibeamten, der uns ansah, als ob wir Koffer voller Kokain nach Kolumbien zurückschaffen wollten.

»Pass gut auf« war alles, was Dad sagte, während er das Gepäck auf einen Wagen lud.

»Also, Matt, wir verlassen uns drauf, dass du vernünftig bist«, ermahnte mich Mom zum zehnten Mal. »Enttäusche uns nicht.«

»In Ordnung, Mom.«

»Denk dran, alle Lichter auszumachen und die Türen abzuschließen, wenn du das Haus verlässt. Und lass kein schmutziges Geschirr rumstehen.«

»Ja, Mom.«

»Und gieß die Blumen. Setz den Flieder und die Pflanzen im Garten auch mal ordentlich unter Wasser.«

»Ja, Mom.«

Sie küsste mich und lachte. »Stimmt's, du willst, dass ich endlich den Mund halte und im Flugzeug verschwinde!«

»Ja, Mom.«

»In Ordnung. Wir gehen ja schon. Tschüss, Schätzchen.«

»Tschüss, Mom. Tschüss, Dad.«

Ich sah ihnen nach, wie sie den Wagen mit den Koffern durch die automatische Schiebetür schoben, und atmete auf. Als ich wegfuhr, winkte ich sogar dem Polizisten zu.

Als ich wieder in der Stadt war, fuhr ich als Erstes in einen Supermarkt. Ich kaufte zwei Kisten Apfelsaft in kleinen Flaschen und eine Kiste Tonic – ich mag nämlich kein Cola –, drei Schachteln Kräcker, ein großes Glas Erdnussbutter, drei große Stücke Cheddar-Käse, ein halbes Dutzend Packungen Wurstaufschnitt und zwei Säcke mit Eiswürfeln für die Kühlbox. In einem Laden für Autozubehör kaufte ich einen Straßenatlas für Kanada und die USA, eine Regenhaut aus Plastik, Mückenlotion und Sonnenmilch. Nächster Halt war die Bank, um US-Dollar zu holen.

Zu Hause packte ich die Lebensmittel in den Kühlschrank und warf die Eiswürfel in die Gefriertruhe. In einer Kiste im Keller fand ich Dads alten Schlafsack und brachte ihn in den Garten, um ihn in der Sonne auszulüften. Ich nahm die dicke Schaumstoffunterlage von einer der Liegen auf der Veranda und holte ein Kopfkissen aus meinem Zimmer. Schlafgelegenheit erledigt.

Ich stopfte genug Klamotten für eine Woche in eine Reisetasche, die Mom nie benutzte, warf ein paar Krimis aus dem Bücherregal im Wohnzimmer dazu, holte meinen Discman und ein paar CDs und ging in die Garage.

An den Deckenbalken, an ein paar Seilen mit Flaschenzügen befestigt, wie sie nur mein Vater hatte anbringen können, hing das Verdeck für die Ladefläche des Wagens, das Dad bei einem Autoflohmarkt aufgegabelt und bisher nur einmal benutzt hatte – nämlich auf dem Heimweg vom Flohmarkt. Ich brauchte eine halbe Stunde – Flüche, blaue Flecken und Schrammen inklusive –, um das Verdeck auf den Toyota zu montieren und festzuschrauben. Die Ladefläche war jetzt ein wetterfester Raum, in den man durch eine kleine Luke am Heck einsteigen konnte.

Erst jetzt dämmerte mir, dass es eine gute Idee gewesen wäre, die Ladefläche vollzupacken, bevor ich das Verdeck montiert hatte.

Während ich ob meiner Dummheit vor mich hinbrummte, fegte ich die Ladefläche aus und legte die Matratze und das Bettzeug hinein. Der restliche Kram konnte bis zum nächsten Morgen warten.

In der Küche setzte ich den Kessel auf und machte eine Liste, dann suchte ich weitere Sachen zusammen – die Kühlbox, eine Taschenlampe, Moms zweite Telefonkarte für Ferngespräche (die sie in der Küchenschublade aufbewahrte) – und, um das Wichtigste nicht zu vergessen, kramte ich zum Schluss in meinem Schreibtisch nach einer Weihnachtskarte, die wir vor Jahren erhalten hatten. Ich hatte sie aus dem Abfall gezogen, als Mom nicht hinsah. Mein Onkel hatte die Adresse meines Großvaters hineingeschrieben, wohl in der Hoffnung, dass Mom nachgeben und sich bei ihm melden würde. Pech für ihn. Ich warf Dads Computer an, druckte eine Kopie von meinem Pawpine-Projekt aus und legte sie zu dem Stapel von Dingen auf dem Küchentisch. Während ich meinen Tee trank, studierte ich den Straßenatlas und plante die Route. Dann goss ich Moms zehntausend Zimmerpflanzen und schließlich richtete ich den Gartenschlauch draußen auf die Fliederbüsche und ihren kleinen Bauerngarten mit Blumen.

»Und, werde ich dir fehlen?«, fragte ich.
»Man spricht nicht mit vollem Mund«, sagte Jen. »Nein, du wirst mir nicht fehlen. Sobald ich in Calgary bin, stürze ich mich in 'ne Kneipe und such mir einen Typ mit Cowboyhut, engen Jeans und einem knackigen Hintern.« Sie wischte sich Ketchup aus einem Mundwinkel und fügte hinzu: »Und ich, fehle ich dir? Oder ist die Aufregung über diesen illegalen, verrückten Trip von dir zu überwältigend?«
»Am liebsten wär's mir, du könntest mitkommen.«
»Mir auch, Matt. Aber ich wär dir nur im Weg.«
»Na klar.«
»Hat dir schon mal jemand gesagt, wie sexy du mit Pizzasoße am Kinn aussiehst?«

»Du solltest die Erste sein.«
»Komm her«, sagte sie.

3

Ich bin schon immer ein Morgenmuffel gewesen. Obwohl ich den Wecker auf halb sieben gestellt hatte, war es neun, bis ich aus dem Bett gekommen war, mir den Schlaf aus den Augen gerieben, mich geduscht und angezogen hatte.

Nachdem Jen am Abend zuvor gegangen war, hatte ich wach gelegen. Ich hatte durch das offene Fenster dem Wind gelauscht und dem Dahinfließen des Grand River und mich gefragt, ob die Idee mit dieser Reise wirklich so gut war. Es dauerte lange, bis ich einschlief.

Nach einem Frühstück, bestehend aus Toast und Tee, packte ich den ganzen Kram zusammen und verstaute ihn im Lieferwagen. Dann ging ich noch mal durchs ganze Haus und überprüfte, ob alle Fenster und Türen geschlossen waren, ob die Zeitschaltuhren an den Lampen oben und im Erdgeschoss eingestellt waren und die Hauptwasserzufuhr abgeschaltet war. Es war zehn Uhr, als ich Fergus schließlich verließ und auf dem Highway 6 in südliche Richtung fuhr. Den Autoatlas hatte ich aufgeschlagen auf dem Beifahrersitz liegen.

Ich folgte der 6 bis Hamilton, machte Halt bei einem Doughnut-Imbiss, um aufs Klo zu gehen und um mir Kaffee zu holen, und ich verlor eine halbe Stunde, weil ich mich in einem Gewirr von Einbahnstraßen verirrte, während ich fluchend den Queen Elizabeth Way zu finden versuchte. Der Verkehr auf der Fernstraße war dicht und die Fahrer der Personen- und der Lastwagen machten den Eindruck, als hätten sie es aufeinander abgesehen. Da ich das Autobahnfahren nicht gewohnt war, klammerte ich mich ans Steuerrad und blieb auf dem rechten Fahrstreifen, durchgerüttelt von den Druckwellen der überholenden Riesenlaster. Bei St. Catharines hielt ich die Augen offen, und als ich den Wegweiser nach Twelve Mile Creek sah, fuhr ich auf den Seitenstreifen.

Ich hatte keine Ahnung gehabt, was mich erwartete. Was ich nun vor mir hatte, war ziemlich enttäuschend – ein träges Rinnsal, das sich durch eine flache, wenig bemerkenswerte Landschaft zog, bis es sich unter einem hässlichen Gewirr von Betonautobahnen mit lautem Verkehrsgeheul verlor. Erfolglos versuchte ich mir vorzustellen, wie der Bach vor hundertfünfzig Jahren wohl ausgesehen hatte, als Pawpine dort seine erste Hütte errichtet hatte.

Anstatt die Grenze bei dem Ort Niagara Falls zu überqueren, folgte ich den Wegweisern nach Queenston und fuhr an der Statue von General Brock vorbei, dem großen Helden der Schlacht von Queenston Heights, in der er 1812 im Kampf gegen die amerikanische Invasion gefallen war. Vielleicht hatte Pawpine hier auch mitgekämpft. Ihm war allerdings kein Denkmal gesetzt worden.

Ich zahlte die Mautgebühr und fuhr auf der Brücke über den Niagara River, der donnernd und brodelnd ostwärts dem Ontario-See zustrebte. Hinter einem riesigen Wohnmobil aus Texas kam ich an der Reihe von Zollschaltern zum Stehen. Als das Wohnmobil weiterfuhr, hielt ich vor dem Schalter und ließ das Fenster herunter. Der Beamte prüfte mich durch seine verspiegelte Fliegersonnenbrille und fragte mit gelangweilt monotoner Stimme:

»Staatsbürgerschaft?«

»Kanadier.«

»Wie lange haben Sie vor, in den USA zu bleiben?«

»Ungefähr eine Woche.«

Ich fragte mich, wozu er die Sonnenbrille brauchte, wo er doch in einem schwach erleuchteten Kabuff mit überhängendem Dach saß. Seine nächste Frage kam unerwartet.

»Reiseziel?«

»Äh, Natchez.«

»Wo ist das?«

Will er mich prüfen?, überlegte ich. Oder sind seine Geographiekenntnisse genauso schwach wie sein Augenlicht?

»In Mississippi«, sagte ich.

Allmählich kam ich mir vor, als würde ich unter Arrest stehen, denn jede Frage klang unfreundlicher als die davor.

»Was ist der Zweck Ihres Besuches?«

Eine Tonne Heroin und einen Atomsprengkopf holen, hätte ich am liebsten gesagt, aber irgendwie hatte ich das Gefühl, dass er es nicht so mit Ironie hatte.

»Ich will meinen Großvater besuchen.«

Der Beamte rückte die Sonnenbrille zurecht. »Können Sie nachweisen, dass der Wagen Ihnen gehört?«, fragte er.

Ich griff mit der Hand über den Sitz und stöberte im Handschuhfach zwischen Straßenkarten und leeren Kugelschreibern herum, bis ich eine kleine blaue Plastikhülle fand, in der Dad Fahrzeugschein und Versicherungskarte aufbewahrte. Ich reichte sie ihm. Der Beamte prüfte die Papiere sorgfältig und gab mir die Mappe zurück. Aber er war noch nicht mit mir fertig.

»Adresse Ihres Großvaters?«

Ich reichte ihm die Weihnachtskarte von meinem Onkel. Der Beamte drehte sie um, las den Text und sah sich Marke und Stempel auf dem Umschlag genau an, als ob er argwöhnte, es könne sich um eine Fälschung handeln. Er gab sie mir zurück.

Mit der Wärme eines Leguans sagte er: »Angenehmen Aufenthalt.«

Ich legte den Gang ein und fuhr los in Richtung Highway 190. Die Stadt Buffalo wetteiferte anscheinend mit einem anderen Ort, wer die größten Schlaglöcher hatte. Ich erreichte die New York State-Schnellstraße und fuhr in westliche Richtung. An der ersten Tankstelle hielt ich und tankte. Die Autobahn war gerade, eben und langweilig. In Erie bog ich auf die Interstate 79, die Fernstraße nach Süden in Richtung Pittsburgh.

Inzwischen war es spät am Nachmittag. Diese Straße war noch schlimmer als die langweilige Route nach Westen. Sie führte durch flaches, unspektakuläres Farmland. Was die Fernstraßen an Bequemlichkeit und raschem Vorankommen zu bieten hatten, machten sie durch Langeweile wett. Ich kam mir beim Dahinfahren vor, als säße ich auf einem Förderband, mit anderen Autos und Lastern um mich herum, und würde mit der immer gleichen, benommen machenden Geschwindigkeit durch die Landschaft gezogen.

In der Nähe von Pittsburgh wurde die Gegend hügelig. Ich umfuhr die Stadt und bog wieder nach Westen auf die I-70. An der Grenze zu Ohio hielt ich an einer ›Welcome-Station‹. Der Staat begrüßte mich mit Toiletten, verschiedenen Verkaufsautomaten und Ständern voller Broschüren über Motels, Sehenswürdigkeiten, Läden und anderen Highlights.

Ich fuhr auf den fast völlig leeren Parkplatz und schloss den Wagen ab. Nachdem ich die Beine gestreckt und mein Rückgrat gedehnt hatte, holte ich meine Telefonkarte aus dem Geldbeutel und ging auf die Reihe von Telefonzellen zu. Es war an der Zeit, Operation Täuschungsmanöver in die Tat umzusetzen.

Ich rief bei uns daheim an. Das Telefon klingelte nur zweimal, dann meldete sich der Anrufbeantworter. Eine Nachricht war angekommen. Es war Dad, der mir die Telefonnummer des Hotels und ihre Zimmernummer durchgab. Ich notierte beides auf dem Rand einer Seite, die ich aus dem Telefonbuch riss.

Man konnte unseren Anrufbeantworter von einem fremden Telefon aus programmieren. Als klar war, dass die Nachricht von Dad die einzige war, löschte ich sie mit den entsprechenden Tasteneingaben. Dann löschte ich die Ansage, tippte einen anderen Code ein und legte die Finger über die Sprechmuschel.

Ich sprach so hoch wie möglich und sagte mit näselnder, monotoner Stimme: »Leider ist diese Nummer zur Zeit nicht erreichbar.« Zufrieden mit dieser List, die ich aus einem Krimi hatte, legte ich auf und wählte erneut, wieder mit der Telefonkarte. Und tatsächlich, es läutete viermal, dann meldete sich der Anrufbeantworter und ich hörte mich sagen, dass die Nummer zur Zeit nicht in Betrieb sei. So weit, so gut. Mit einem Blick auf meine gekritzelte Notiz rief ich das Hotel meiner Eltern in Montreal an und bat, Mr und Mrs Lane eine Nachricht zu hinterlassen.

»Soll ich Sie zum Zimmer durchstellen?«, fragte die Stimme an der Rezeption.

»Nein, ich möchte bitte nur eine Nachricht hinterlassen.«

»In Ordnung. Sie können sprechen, sobald Sie den Piepston hören.«

Ich berichtete, dass unser Telefon zu spinnen angefangen hatte und behauptete, Grandpa hätte ein paar Mal angerufen und die Nachricht erhalten, dass es außer Betrieb sei. »Ich ruf euch am besten jeden zweiten Tag an, Mom. Keine Sorge, alles ist bestens. Tschüss!« Damit beendete ich die Nachricht munter.

Noch ein Anruf zu erledigen.

»Hallo?«

»Hi, Grandma, Matt hier.«

»Hallo, Schätzchen, wie geht's dir?«

»Gut. Ich schau viel in die Glotze. Ähm, was ich dir und Grandpa sagen wollte, mit unserem Telefon stimmt was nicht. Ich kann telefonieren, aber man kann mich nicht anrufen.«

»Das ist ja merkwürdig.«

»Ja, komisch, was? Ich ruf euch auf alle Fälle alle zwei Tage an, okay?«

»Gut, Schätzchen, aber …«

»Ach je, das Wasser kocht. Ich muss laufen, Grandma. Ruf euch später wieder an, tschüss!«

Schnell legte ich auf. Das Geflunker war auf einmal gar nicht mehr so aufregend. Einen Anrufbeantworter anzuschwindeln war eine Sache, meine Großmutter auszutricksen was ganz anderes.

Ich kletterte in den hinteren Teil des Lieferwagens, öffnete die Kühlbox, machte mir ein Sandwich mit Schinken, Käse und Erdnussbutter und nahm es mit zu einem der Picknicktische unter den Bäumen neben dem Gebäude. Lange Schatten fielen auf den Parkplatz und die Luft wurde langsam kühler. Während ich meinen Imbiss nahm, kamen andere Autos an, Reisende gingen zwischen Parkplatz und Gebäude hin und her, saßen in ihren Autos und befragten die Karten, fuhren wieder weiter. Es war ziemlich einsam. Keiner kannte keinen

– wollte keinen kennen. Man verließ das vertraute Innere seines Wagens nur für einen kurzen Gang, kam so schnell wie möglich zurück und schloss – wieder in Sicherheit – die Türen.

Das Essen machte mich schläfrig und ich spürte, wie mir die Augen zufielen, während ich auf der Steinbank saß und solchen tiefen Gedanken nachhing. Ich stieg in den Fahrerteil des Toyota und rollte mich auf dem Vordersitz zusammen. Nur ein kleines Nickerchen, sagte ich mir, dann fahr ich weiter.

Als ich verkrampft und etwas verfroren aufwachte, war es draußen dunkel und die beschlagenen Scheiben ließen das Licht, das von dem Gebäude kam, verschwimmen. Ich hatte das Gefühl, in bernsteinfarbenem Wasser zu liegen. Hinter den Ohren verspürte ich einen leicht pochenden Kopfschmerz und mein Mund war ausgetrocknet. Im Rückspiegel erkannte ich eine gelbe Reihe von Lichtpunkten, wie sie an der oberen Kante eines Lastwagen entlangläuft. Sonst schien niemand in der Gegend zu sein.

Die Uhr auf dem Armaturenbrett zeigte 12:42 an. Ich zog den Schlüssel aus dem Zündschloss, schloss die Fahrertür ab und kletterte in den hinteren Teil. Sorglos streifte ich die Schuhe ab, kroch in den Schlafsack, vergrub mich tief und schlief wieder ein.

Ich träumte, ich sei in einer Unterwasserhöhle gefangen und würde in weißem Licht ertrinken, das mir durch die Augenlider brannte. Panikartig schlug ich um mich, um zu entkommen. Ächzend vor Angst drehte ich mich auf den Bauch und zog mir den Schlafsack über den Kopf. Es wurde Dunkel und ich konnte wieder atmen. Plötzlich ertönten tiefe, dröhnende Stimmen und das Gescharre von Lederstiefeln auf Asphalt.

»… da drin«, sagte eine Stimme – männlich, bedrohlich angespannt.

Eine Faust schlug an die Tür. An meine Tür. An die Luke des aufgesetzten Verdecks.

Ich riss mir die Decke vom Gesicht und richtete mich blitzschnell auf. Durchdringendes grelles Licht überflutete das Heckfenster. Geblendet hob ich den Arm vor die Augen.

Eine zweite Stimme, gedämpft, tiefer als die erste. »Ich seh ihn!«
Unter erneuten Faustschlägen polterte und rüttelte es an der Tür.
Mein Puls hämmerte mir im Kopf während ich nach meinen Kleidern griff, als ob die Panik, die mir die Kehle zuschnürte, verebben würde, wenn ich meine Jeans anhätte. Mir fielen Nachrichtenberichte vom letzten Winter ein, Geschichten von Touristen in Florida, die wegen ihres Bargelds am Rand der Fernstraßen ermordet worden waren. Verzweifelt tastete ich nach etwas herum, das ich als Waffe verwenden könnte. Ich wusste, dass ich in der Falle saß. Meine Hand schloss sich um den Griff des Messers, mit dem ich mir das Sandwich gemacht hatte.

Hinter dem grellen Scheinwerferlicht dröhnte eine Stimme: »Du da drin! Komm sofort raus!«

Es wurde am Türgriff gerüttelt. Ich hatte abgeschlossen, nachdem ich eingestiegen war. Ich wandte mich von dem grell erleuchteten Fenster ab und sah durch die Fahrerkabine zur Windschutzscheibe hinaus. Dort bewegte sich eine bedrohlich wirkende Figur im Scheinwerferlicht. Hinter mir wurde an die Tür gedonnert.

»Highway-Patrouille. Leg die Waffe weg! Komm mit den Händen auf dem Kopf aus dem Wagen. Auf der Stelle!«

Zuerst spürte ich eine Welle der Erleichterung. Cops. Ich war in Sicherheit. Dann aber wieder Angst. Wenn es nun doch keine Cops waren? Ich konnte sie nicht erkennen. Einen Augenblick überlegte ich, ob ich warten sollte, bis sie verschwinden würden. Ich saß zwar in der Falle, aber sie konnten nicht rein.

»Wer sagt mir, dass Sie Polizisten sind?«, schrie ich zurück.

Eine Augenblick lang verschwand der Scheinwerfer vom Fenster und wurde auf eine Person gerichtet. Eine Polizeimarke blitzte auf. Dann kam das Licht zurück und strahlte mir wieder voll ins Gesicht.

»Komm raus!«, dröhnte die Stimme. »Halt die Hände in Sichtweite.«

Ich ließ das Messer fallen und rutschte auf den Knien und mit ausgestreckten Händen, wie ein Bettler, zur Tür. Ich griff nach dem Riegel an der Tür, um ihn zu lösen.

»Ich hab doch gesagt, halte die Hände in Sichtweite.«

»Es ist abgeschlossen«, sagte ich und war erstaunt, wie fest meine Stimme klang.

»Leg die rechte Hand auf den Kopf. Schließ mit der Linken auf.«

Ich tat wie geheißen. Meine Angst hatte nachgelassen, allerdings nur geringfügig. Die Tür flog auf und eine Hand von der Größe eines Boxhandschuhs umklammerte meine Schulter, sodass mein T-Shirt hochgezerrt wurde. Schmerzhaft bohrten sie die Finger hinein. Ich wurde so heftig aus der Luke gezerrt, dass ich die Füße nicht auf den Boden bekam. Der Länge nach fiel ich auf das Pflaster und schlug mit dem Kopf auf. Wieder wurde ich mit grellem Licht übergossen, diesmal von innen. Der Sturz auf den Boden nahm mir den Atem. Benommen fühlte ich, wie mir die Arme auf den Rücken verdreht wurden. Ein Knie wurde mir ins Kreuz gestoßen, die Haut an den Handgelenken eingeschnürt und ich hörte es zweimal laut klicken.

Die Bullen zerrten mich auf die Füße und klatschten mich an die Seitenwand des Lieferwagens. Ein Lichtstrahl wurde auf meine Augen gerichtet.

»Wo sind die Schlüssel?«

»In meiner hinteren Jeanstasche«, stieß ich nach Atem ringend hervor. Ich bekam kaum Luft.

Ein Hand griff in meine Tasche. Ich hörte die Schlüssel klirren. Die Fahrertür wurde geöffnet und aus den Geräuschen schloss ich, dass der zweite Bulle den Wagen durchsuchte.

»Könnten Sie bitte das Licht runternehmen?«, fragte ich. »Es tut so in den Augen weh.«

Der grelle Schein schwenkte fort und ich blinzelte, um die Sternchen auf den Augen loszuwerden. Als ich wieder etwas erkennen konnte, sah ich mich einem riesigen Kerl gegenüber. Er trug eine Schirmmütze, eine offene Windjacke, einen Ledergürtel mit Revolver im Halfter und einem herunterbaumelnden Schlagstock. Sein Gesicht war rund und fleischig und sein Atem stank nach Zigaretten.

»Wo ist dein Ausweis?«

»Mein Geldbeutel ist in der hinteren Tasche.«

»Dreh dich um.«

Der Bulle riss mir den Geldbeutel aus der Tasche und befahl mir, mich zu ihm umzudrehen. Er überprüfte meinen Führerschein und den Schülerausweis.

»Hier ist nichts drin, Duane«, rief der zweite Bulle aus der Führerkabine.

»Schau hinten nach.«

Der Geldbeutel wurde mir wieder in die Tasche gestopft. Der große Bulle packte mich unter den Armen, hob mich so weit hoch, dass ich in der Luft hing, und schleifte mich zu dem Streifenwagen. Der Motor lief, aber die Scheinwerfer waren aus. Die hintere Tür quietschte, als der Bulle sie aufriss und mich mit dem Kopf zuerst in den Wagen stieß, so heftig, dass ich über den Sitzrand und dann auf den Boden fiel. Mein Gesicht brannte, als es über den Belag schrammte. Meine Schultern wurden zurückgepresst, während er mich in die enge Lücke zwischen Vorder- und Rücksitz quetschte. Die Tür krachte mir gegen die Füße, als er sie zuschlug. Eine der Vordertüren wurde geöffnet und das Auto sank nach unten, als der Bulle sich hineinfallen ließ.

Ein Ekel erregender Gestank nach Kotze, Schweiß und alten Schuhen stieg mir in die Nase. Ich atmete durch den Mund und unterdrückte die Wellen der Übelkeit, die in mir hochstiegen. Zwischen meinen Schultern brannte es wie Feuer und ich versuchte, den Anfall von Erstickungsangst zu unterdrücken, während ich mit dem Gesicht nach unten und mit den am Rücken gefesselten Handgelenken dalag. Der Bulle sprach in das Funkmikrofon. Computertasten klickten. Ein paar Augenblicke später stieg er aus, öffnete die Hintertür und half mir heraus.

»Hast du die Verbotstafel nicht gesehen?«, fragte er. Der raue Ton war aus seiner Stimme gewichen. »Übernachten ist hier verboten.«

»Doch, aber ich hab gar nicht vorgehabt, so lange zu schlafen.«

Ich war versucht, ihn darauf aufmerksam zu machen, dass der

Lastwagen weiter hinten auf dem Parkplatz schön länger da war als ich, aber ich hielt den Mund.

»In dem Wagen ist nichts, Duane«, sagte der zweite Cop. Er sah aus wie ein Klon des ersten, nur dass der Reißverschluss seiner Windjacke zu war und er einen dünnen Schnurrbart trug.

»Hör zu, Bürschchen«, sagte Duane, »mal abgesehen von der offiziellen Anordnung ist es keine gute Idee, an einem Platz wie diesem zu übernachten. Ein Haufen Gesindel fährt über die Interstate. Wenn du ein bisschen schlafen willst, fahr auf einen Campingplatz.«

»Sollen wir ihn melden?«, wollte Schnurrbart wissen und knipste seine Stablampe aus.

»Wo fährst du hin?«, fragte mich Duane.

»Mississippi. Meinen Großvater besuchen.«

»Dreh dich um.«

Mit einem Klicken lösten sich die Handschellen.

»Wir lassen dich mit einer Verwarnung davonkommen. Aber pass auf. Mach so was Dämliches nicht noch mal.«

»*Jawoll*, Sir.«

Die beiden Cops gingen langsam auf ihren Streifenwagen zu und stiegen ein. Duane sagte was in sein Mikrofon, während Schnurrbart losfuhr.

Ich stieg in den Toyota und steckte den Schlüssel ins Zündschloss. Der Inhalt des Handschuhfachs war über Sitz und Boden verteilt. Ich spürte, wie mir etwas Nasses seitlich von der Nase in den Mund rann. Es schmeckte nach Blut. Als ich auf dem Boden nach dem Paket mit Papiertüchern griff, bemerkte ich, dass meine Handgelenke aufgescheuert waren, wo die Handschellen in die Haut eingeschnitten hatten.

Ich startete und bog auf die Interstate. Bei jedem Schalten schoss mir ein Stich durch die Schultern. Beim Fahren tupfte ich mir die schmerzende Wunde an der Stirn mit dem blutigen Papiertuch ab. Als der Morgen dämmerte, lag Columbus hinter mir und ich fuhr auf der I-71 auf Cincinnati zu. Wenn ich meine Hände vom Steuerrad nahm, zitterten sie noch immer.

4

Kurz nachdem ich über die Grenze von Kentucky gefahren war, entdeckte ich einen vertrauten Namen. General Butler-Staatspark. Es konnte sich nicht um den Butler aus Pawpines Tagen während des Unabhängigkeitskriegs handeln, aber ich fuhr dennoch auf die Ausfahrtspur und folgte der zweispurigen Asphaltstraße durch die Hügel. Ich hatte vor, einen Campingplatz zu suchen, den Wagen wieder aufzuräumen – der Bulle, der ihn durchsucht hatte, hatte wenig Achtung vor dem Eigentum anderer – und den Rest des Tages langsam anzugehen. In Handschellen gelegt und rumgestoßen und überhaupt wie ein Verbrecher behandelt zu werden, hatte mich ziemlich fertig gemacht.

Die Sonne stand hoch am Himmel, als ich den Campingplatz entdeckte, den mir der Parkwärter beschrieben hatte. Die abgetrennten Parzellen lagen entlang eines Baches, der meiner Karte zufolge durch die Wälder bis zum Kentucky River plätscherte. Der Campingplatz war nicht voll – die Stücke zu beiden Seiten neben mir waren unbesetzt – und doch war es nicht, als befände man sich draußen in der Wildnis. Hunde bellten, Kinder sausten auf Mountainbikes vorbei, Motoren starteten brummend, blauer Rauch von Grillfeuern schwebte durch die heiße Luft.

Ich hockte auf dem Picknicktisch, mampfte ein Dreifach-Sandwich und trank Tonic aus der Dose. Dabei sah ich einem Entenpärchen zu, das die Schwanzfedern in den klaren blauen Himmel reckte, nach Futter suchte und im seichten Wasser schnäbelte. Eine sanfte Brise flüsterte in den Hecken, die meinen Platz umgaben. Aber ich kam nicht zur Ruhe.

Ich hatte eigentlich keine Lust, das Erlebnis auf der Raststätte noch mal durchzugehen, aber ich wusste, dass es sein musste. Mom hatte mir immer eingeprägt, Gefühle nie in mich hineinzufressen oder so zu tun, als gäbe es sie nicht. »Sonst fangen diese Gefühle zu kochen und zu brodeln an wie ein Vulkan«, sagte sie immer, »und früher oder später brechen sie hervor, meistens dann, wenn du es gar nicht erwartest. Jawohl«, fügte sie hinzu, »wie Schlägertypen, die bei einer Party Randale machen.«

Also, wie so ein Schlägertyp kam ich mir auch gerade vor. Worum war es eigentlich in der Episode mit den Bullen gegangen? Ein Jugendlicher, der hinten in einem Lieferwagen steckte, konnte wohl nicht gerade als ein bedrohlicher Terrorist angesehen werden. Der Bulle, der mich gefesselt und in den Streifenwagen gestoßen hatte, hatte entweder Probleme mit seinem Hormonhaushalt oder zu viel fern gesehen. Und dann noch sein Partner. Benahm sich wie die Axt im Walde in meinem Wagen, pflügte meine ganzen Sachen durch, steckte die Nase in alles, was ich besaß und räumte nichts wieder auf. Ich betastete die Wunde an der Stirn; sie war noch klebrig und brannte, wenn ich sie berührte. Ich trank den Rest Tonic aus, warf die Dose nach der Abfalltonne, die an einen Baum gekettet war, und schlug mit der Faust auf den Picknicktisch ein. Ich kochte vor Frust. Gefesselt und verstört, war ich mir völlig hilflos vorgekommen gegenüber der Autorität und den Drohungen der beiden Bullen. Es war schwer zu erklären: Sie hatten mich wie Abschaum behandelt und daher kam ich mir auch wertlos vor, wie ein Nichts, und als mich der Bulle aus dem Streifenwagen gezogen und die Handschellen entfernt hatte, war ich *dankbar* gewesen. Jetzt war ich entsetzt über mich, dass ich sie so hatte mit mir umspringen lassen.

Ich glitt von dem Tisch, hob die Tonicdose wieder auf und warf sie in den Abfalleimer. Dann kletterte ich unter das Verdeck und zog meine Sportsachen an. Nachdem ich abgeschlossen hatte, lief ich den Kiesweg entlang und drehte ein paar Runden im Park, um mich aufzuwärmen. Schließlich kam ich zu dem Hügel am Haupttor. Ich sprintete auf die Anhöhe, drehte um und lief wieder zurück, rannte noch mal hinauf, wiederholte die Übung endlos und schnaufte den steilen Weg immer wieder hinauf, bis mir der Schweiß aus jeder Pore strömte, bis sich meine Brust wie ein Blasebalg hob und senkte, bis mir der Puls in den Ohren hämmerte und meine Muskeln in den Oberschenkeln brannten und ganz zittrig waren. Ich ächzte diesen Hang so lange hoch, bis ich schließlich erschöpft neben dem Weg ins Gras sank.

Die Betäubung, die mir das Joggen bescherte, traf mich wie ein Schlag mit einem Sandsack. Ich fiel in einen traumlosen Schlaf. Nach Mücken schlagend und schwitzend wachte ich auf: Das Innere des Wagens war wie ein Backofen. Ich kroch in den feuchtheißen Morgen hinaus, schnappte meine Sachen und machte mich zu den Duschen auf. Die Anstrengung hätte ich mir sparen können. Bis ich zu meinem Stellplatz zurückkam, war ich schon wieder von Kopf bis Fuß mit Schweiß bedeckt.

Mein Feinschmeckerfrühstück bestand aus Kräckern mit Erdnussbutter, die ich mit warmem Apfelsaft runterspülte. Danach brach ich auf. Der schiefergraue Himmel über mir verhieß Regen. Natürlich traf ich gerade zu einer solchen Zeit in Louisville ein, dass ich mich auf der Umgehungsstraße, die sich um die Stadt wand und zur I-65 führte, im Rushhour-Verkehr verheddertete. Feuchte Luft drückte durch die Fenster herein. Ich fuhr nach Süden und in Upton stellte ich meine Uhr eine Stunde zurück. Wie ein Pendel, das hin und her schwingt, schlängelte sich die Autobahn zwischen den Hügeln hindurch. Kentucky ging über in Tennessee und schon bald war ich in Nashville. Da ich nicht besonders scharf auf Countrymusic und dergleichen war, ließ ich das Radio ausgeschaltet, und wie zur Strafe verfuhr ich mich auf dem Gewirr von Autobahnen und Umgehungsstraßen, die sich kreuzten und die Stadt umgaben. Statt der Musikmetropole zu entgehen, landete ich mittendrin, und da setzte der Regen ein.

Entnervt und ungeduldig fuhr ich in ein kleines Einkaufszentrum, kaufte eine Thermosflasche und ließ sie in einem Grillhähnchen-Imbiss mit Kaffee füllen. Der Kellner erklärte mir in seiner sirupartig zähen Mundart die Richtung und zeichnete, während er vor sich hin näselte und sein Adamsapfel auf und ab hüpfte, eine grobe Skizze auf eine Papierserviette. Bei diesem Gespräch wurde mir endgültig klar, dass ich im Süden angekommen war und dass mein Ausflug zu dem Besuch bei meinem Großvater, der bisher nur eine flüchtige Idee gewesen war, jetzt Wirklichkeit wurde. Eine Viertelstunde später fuhr ich auf dem Highway 100 nach Süden und hielt Ausschau nach einem Ort namens Pasquo. Als ich die kleine Stadt schließlich fand, schüttete es heftig, und fast hätte ich den Wegweiser verpasst, der die nördliche Auffahrt zum Natchez Trace Parkway anzeigte. Ich suchte mir einen Parkplatz, ging in die Raststätte und kam ein paar Augenblicke später mit einer Sammlung von Broschüren und Karten zurück, die ich im Wagen studierte, während ich den heißen, starken Kaffee trank.

»Wenn du nach Natchez willst, dann solltest du den Trace nehmen«, hatte der Kellner mir geraten. Ich war völlig verwirrt, bis er erklärte, dass der Trace eine fünfhundert Meilen lange zweispurige Straße sei. Beim Studieren der Karte merkte ich, dass sein Rat gut war. Die einförmigen, öden Fernstraßen hingen mir inzwischen zum Hals raus. Der Parkway fing kurz nach Nashville an und schlängelte und wand sich durch Tennessee nach Süden, führte fünfundzwanzig Meilen lang durch Alabama und dann über die Grenze nach Mississippi.

Während der Regen auf das Dach trommelte und über die beschlagene Windschutzscheibe strömte, kam ich mir beim Lesen der Broschüren wie ein Zeitreisender vor. Viele Jahrhunderte, ehe Kolumbus in der sogenannten Neuen Welt gelandet war (für die Millionen von Menschen, die hier lebten, war es schließlich dasselbe alte Land), war der Trace einer der Hauptwege gewesen, den die Choctaw- und Chickasaw-Indianer benutzt hatten. Später hatte ihn auch Hernando de Soto benutzt – wer der auch sein mochte, dachte ich und stellte mir vor, wie ›das Buch‹ tadelnd ihr pausbäckiges Gesicht verzog. Desgleichen der Forscher Meriwether Lewis und der Indianermörder und spätere Präsident Andrew Jackson. Nach 1800 wurde der Trace eine Poststraße. Die meisten Reisenden, Siedler und Händler, die ihre Waren zu Wasser auf Holzkähnen den Mississippi hinunter nach Natchez brachten, verkauften die Boote dort, weil sie sie nicht flussaufwärts gegen die Strömung zurückbringen konnten. Sie reisten über den Trace zurück in den Norden. Auf seltsame Weise kam es mir vor, als sei der alte Pfad auch Teil meiner Geschichte. »Keiner von euch ist von nirgendwo gekommen«, hatte Miss Song uns letzten Februar in der ersten Stunde erklärt und über unsere Verwirrung gelächelt. »Das ist übrigens der *korrekte* Gebrauch der doppelten Verneinung. Jeder von euch kommt irgendwo her. Ihr habt eine Geschichte. In Geschichte geht es nicht um eine abstrakte Auflistung von Daten und Kriegen und Verfassungen. Sie lebt. Sie ist so lebendig wie ihr.«

Ich las, dass der Trace mich an Farmen und Feldern vorbeiführen würde, auf denen sich Sklaven mit primitiven Hacken in den schwieligen Händen schwitzend über endlose Anpflanzungen von Gemüse oder Baumwolle gebeugt hatten. Ja, dachte ich, Männer und Frauen wie Pawpine, deren Eltern und Großeltern aus ihrem Leben und ihren Heimstätten in Afrika gerissen worden waren. Man hatte sie über den Atlantik geschifft, ihnen fremde Namen gegeben und sie zum Aufbau eines Landes gezwungen, an dessen Leben sie nicht teilhaben durften.

Ich drehte die Scheibenheizung hoch, breitete die Karte offen auf dem Nebensitz aus und startete den Wagen. Als ich wieder durch die Windschutzscheibe sehen konnte, wandte ich mich nach Süden. Ich kam nicht weit. Die zweispurige Straße, die in gutem Zustand war und breite, grasbewachsene Seitenstreifen hatte, wand sich durch sanft gewelltes Waldgebiet, das gelegentlich in Farmland überging. Der Regen kam mit ungeheurer Heftigkeit herunter und in der Ferne grollte Donner. Ich kam an Garrison Creek vorbei, fuhr weiter, bis ich zu einem Rastplatz kam, die laut Tafel Old Trace hieß, und gab schließlich auf und verließ die Straße. Die Scheibenwischer kämpften vergebens gegen den Regen, der kübelweise herunterkam. Am hinteren Ende des kleinen Rastplatzes führte ein Waldweg auf einen Wanderpfad. Ich musste an die Bullen in Ohio denken und fuhr den Wagen in das buschige Gelände, bis er außer Sicht war. Die paar Schritte von der Fahrerkabine in den hinteren Teil reichten, um bis auf die Haut nass zu werden. Drinnen zog ich die durchtränkten Klamotten aus und warf sie in eine Ecke. Ich knipste die Taschenlampe an und legte mich auf den Schlafsack. Unter den Kopf schob ich meine Reisetasche. So las ich einen Krimi und schlug immer wieder nach Mücken, die in der feuchten Luft summten, ehe sie sich zum Festschmaus niederließen.

Irgendwann in der Nacht wachte ich auf, weil der Sturm heulte, der Regen niederprasselte und Äste mit hohlem Klang an das Dach und die Seiten des Wagens schlugen. Mit einem Krachen, als sei ein Schiff auf ein Riff gefahren, ertönte über mir ein Donnerschlag. Ruckartig setzte ich mich auf, schlug mir den Kopf an der Trennwand zur Fahrerkabine an und kniete mich hin. Als ich durch das Rückfenster spähte, fuhr gerade ein Blitz durch die Luft, der mindestens zwei Sekunden anhielt und Parkplatz und Wiese in geisterhaft bläuliches Licht tauchte. Sofort folgte ein ohrenbetäubender Donnerschlag. Das Gewitter war direkt über mir und peitschte den Regen gegen das Auto. Der Wind kam in wilden Stößen. Ein weiterer Blitz schoss mit blendender Helligkeit aus dem schwarzen Himmel. Ich zuckte vom Fenster zurück, da krachte der Donner schon durch die Luft und der Boden unter mir bebte. Eine Sekunde später explodierte etwas hinter mir und sauste krachend zu Boden. Der Wagen schwankte wie ein Spielzeugboot.
Ich verschwand blitzartig unter dem Schlafsack und rollte mich zusammen und betete, dass das Gewitter weiterziehen würde. Zwei weitere Blitze erleuchteten den Himmel mit solcher Helligkeit, dass ich es durch die Bettsachen wahrnehmen konnte. Zwei eruptionsartige Donnerschläge über mir folgten, dann stellte ich fest, dass sich der Tumult verzog. Langsam wie das Einsetzen der Ebbe ließ die Gewalt des Sturmes nach und die Sintflut verwandelte sich wieder in Regen.
Gerne würde ich behaupten, dass ich aus dem Wagen sprang und nur zu begierig war, mit den Kräften der Natur zu ringen und den Schaden in Augenschein zu nehmen. Aber im Gegenteil, ich blieb

bis zum Morgengrauen zitternd und mit aufgerissenen Augen im Innern. Dann zog ich Shorts und ein T-Shirt an und kletterte hinaus auf den schwammigen, laubbedeckten Boden. Graues Licht und Vogelzwitschern erfüllte das Buschgelände um mich herum und goldener Sonnenschein übergoss die Wipfel der Bäume, die die Wiese säumten. Es war bereits heiß und die Luft war mit Feuchtigkeit geschwängert. Ich stieß herabgefallene Äste beiseite und kämpfte mich zum vorderen Teil des Wagens durch. Eine riesige, morsche Eiche war im Sturm niedergestürzt und hatte im Fall Dutzende kleinerer Bäume erdrückt. Ihre äußersten Äste hatten die Kühlerhaube und einen Kotflügel des Toyota erwischt. Die Kühlerhaube war in der Mitte eingedrückt, der Kotflügel zerbeult und ein Scheinwerfer war zerbrochen.

»Mann-o-Mann«, murmelte ich. Der klobige Stamm der Eiche mit einem Durchmesser von einem halben Meter war ungefähr in einer Höhe von zwei Metern über dem Boden geborsten. Wenn ich ein paar Meter weiter zwischen die Büsche gefahren wäre, dann hätte der Baum das Dach des Wagens getroffen und uns beide in den schlammigen Boden gedrückt.

»Willkommen in Mississippi, Matt«, sagte ich laut.

5

Am liebsten hätte ich ein Lagerfeuer gemacht, um mich zu trösten, aber selbst für den erfahrensten Pfadfinder wäre es eine Herausforderung gewesen, das durchnässte Holz, das um mich herum verstreut lag, anzuzünden. Ich ließ mich auf der hinteren Stoßstange des Wagens nieder. Es war mir schon öfter im Leben passiert – einmal zum Beispiel, als ich dem Drängen einer Freundin nachgegeben hatte, mit der ich in der neunten Klasse ging, und Marihuana ausprobiert hatte –, dass ich angewidert den Kopf geschüttelt und mich gefragt hatte, Matt, was zum Teufel machst du da eigentlich? So war es jetzt wieder.

Ich hatte meine Eltern und meine Großeltern belogen, die Familienkarre ohne Erlaubnis entwendet, war fast festgenommen worden und hatte den Wagen geschrottet – und wozu? Um einen Großvater zu finden, mit dem meine Mutter aus Gründen, die ich nicht kannte, nichts zu tun haben wollte. Es sah allmählich so aus, als ob das Leben in Fergus mir bereits den Verstand geraubt hätte. Ich trank etwas lauwarmen Kaffee, der noch vom Tag zuvor übrig war, betupfte die Platzwunde an meiner Stirn – die wieder zu bluten angefangen hatte, als ich mir den Kopf während des Gewitters angeschlagen hatte – und überlegte, was meine Alternativen waren. Ich brauchte nicht lange dazu. Es gab nur zwei Möglichkeiten. Ich konnte meine Suche fortsetzen oder umdrehen und nach Hause fahren. Vielleicht würde ich es rechtzeitig schaffen, dachte ich, den Wagen reparieren zu lassen, ehe meine Eltern zurückkamen, und könnte so tun, als sei nichts passiert. Doch schon mit der ersten Mücke an diesem Morgen, die versuchte, mich in den Unterarm zu stechen, verwarf ich den Gedanken. Ich hatte zwar nicht alle Konsequenzen meines Ausflugs überdacht, aber ich hatte gewusst, dass ich richtig in der Patsche sitzen würde, egal, wie der Wagen anschließend aussah. Sie würden es herausfinden. Das war klar.

Und außerdem, wenn ich mich jetzt heimlich nach Fergus zurückschleichen würde, dann fehlte mir auch noch jegliche Rechtfertigung für meine Lügen und Missgeschicke. Meine einzige Hoffnung war die vage Möglichkeit, dass ich mir sagen konnte – egal, welche Strafe mich schließlich erwarten würde –, es sei das Abenteuer wert gewesen, weil ich meinen Großvater gefunden und entdeckt hatte, woher ich stamme. Jetzt zu kneifen bedeutete, Pawpines Gold zu verschleudern.

Ich fuhr also nach Süden weiter. Zuversichtlich? Glücklich? Ganz sicher nicht. Während ich durch die Gänge schaltete, fiel mir ein Ausdruck aus einem Roman ein. »Das ist im Süden gelandet.« Der Ausdruck bedeutete: Das ist den Bach runtergegangen.

Unter anderen Vorzeichen hätte ich die Fahrt auf dem Trace genossen. Es war ein sonniger Tag, die Luft hatte sich nach dem Gewitter geklärt, die Umgebung war ansprechend und es waren so wenige Autos und Camper unterwegs, dass ich mir einbilden konnte, die Straße ganz für mich zu haben.

Aber je näher ich Natchez kam, umso wirklicher wurde alles und umso beklommener wurde meine Stimmung. Der Trace mündete östlich der Stadt in die Highway 61, eben jene Autobahn, die Mom in ihrem erfolgreichsten Lied besungen hatte, und als ich auf diese Straße einbog, tat ich etwas, was ich mein Leben lang getan hatte, was ich bis zur Perfektion beherrschte. – Ich kniff.

Am Stadtrand befand sich ein Streifen mit billigen Motels und Schnellimbissbuden. Es war acht Uhr abends und ich war den ganzen Tag gefahren. Es würde nicht gut aussehen, redete ich mir ein, so spät am Abend bei meinem Großvater einzutreffen, verschwitzt und hungrig.

Ich suchte also eine der Fettbuden auf und holte mir zwei Riesenhamburger, eine große Portion Pommes, ein Stück Obstkuchen und einen Maxibecher Gingerale. Dann fuhr ich zu einem abgewirtschafteten Motel, das den hochtrabenden Namen ›Zur Plantage‹ hatte und parkte unter dem Schild, auf dem in rosafarbener Neonschrift zu lesen war: ›Rezeption/Zimmer frei‹. Die Tür mit dem Fliegengitter quietschte, als ich eintrat.

Gleich darauf kam eine Frau mittleren Alters in einer zerknitterten Schürze durch einen Vorhang aus Perlenschnüren herein. Hinter ihr flimmerte ein Fernseher – irgendeine Spielshow – und ich hörte den gedämpften Applaus der Studiozuschauer.

Die Frau verschränkte die bleichen Arme auf dem Anmeldepult. »Bitte?«, fragte sie unbewegt. Ein Schweißtropfen rann ihr über die Schläfe.

»Ich hätte gerne ein Zimmer für eine Nacht. Nichtraucher.«

Mit dem warmen Blick einer Klapperschlange musterte sie mich von oben bis unten und warf einen Blick an mir vorbei auf den zerbeulten Wagen, der vor der Tür stand.

»Wir sind heute Abend besetzt.«

»Aber draußen steht doch ›Zimmer frei‹?«, fragte ich.

»Alles reserviert.«

»Kein einziges Zimmer frei?«

»Glaub kaum, dass du dich hier wohlfühlen würdest«, bemerkte sie entschieden. »Versuch's doch mal in der ›Eiche‹ ein Stück weiter.« Sie wandte sich um und verschwand durch den Vorhang. Die Perlen klimperten, als die Schnüre wieder zusammenfielen.

Was zum Teufel ist in die gefahren?, dachte ich, als ich in den Wagen stieg. Ich wendete auf dem leeren Parkplatz. Obwohl die Anlage mindestens zwanzig Türen hatte, standen nur vor dreien davon Autos.

Der Inhaber der ›Eiche‹ sagte: »Wir haben 'ne Menge Zimmer frei, Junge. Nicht viel los in der Gegend diese Woche.«

»Komisch«, bemerkte ich, »die ›Plantage‹ war voll.«

»Alles reserviert, meinst du wohl.« Er lächelte und fuhr sich mit der breiten Hand über den kahlen Kopf. Seine Bartstoppeln hoben sich weiß von seiner tief schwarzen Haut ab. »Bist wohl nicht aus der Gegend, was?«

Ich schrieb mich ein und zahlte bar.

Das kleine Zimmer war mit Holzimitation verkleidet und es roch feucht und muffig. Ich stellte die Klimaanlage ein, knipste den Fernseher an, ließ mich in einen der Sessel fallen und sah mir ein Basketballspiel an, während ich mein Abendessen herunterschlang. Das Essen lag mir wie ein Stein im Magen, als ich mich auszog und lange unter der kühlen Dusche stand. Dann zog ich mir frische Sachen an. Ich saß auf dem Bett und nahm den Hörer vom Telefon.

Als Erstes rief ich in Montreal an. Ich versuchte forsch und unbeteiligt zu klingen, während ich die Reihe von typischen Elternfragen beantwortete – das übliche ›Wie geht's denn so‹ und ›Hast du auch an das und jenes gedacht‹. Das Blues-Festival sei toll, erzählte mir Dad. Mom sei überwältigend und bekäme Standing Ovations und knüpfe einen Haufen neuer Kontakte. Er übe sein Französisch und besuche Ausstellungen und Museen. Ob die Schule schon mein Zeugnis geschickt habe?, wollte Mom wissen. Ob ich auch genug essen würde?

»Nein, und ich lebe noch, Mom«, antwortete ich.

Nachdem ich mich verabschiedet hatte, rief ich meine Großeltern an.

»Was ist los mit der Telefongesellschaft?«, beklagte sich Grandpa. »Haben sie dich noch nicht wieder angeschlossen?«

Ich versicherte ihm, die Gesellschaft habe versprochen, morgen zu kommen und den Anschluss zu überprüfen.

»Wer's glaubt«, sagte er. »Schon von deinen Eltern gehört?«

Ich berichtete ihm kurz und versprach, am nächsten Tag wieder anzurufen.

Auf keinem der vier Kanäle konnte ich etwas Sehenswertes entdecken, daher zog ich mich aus und schlüpfte zwischen die klammen Laken. Die beiden angrenzenden Zimmer waren leer und still. Die Klimaanlage summte und schepperte und überdeckte fast den ganzen Autobahnlärm, aber sie verpestete die Luft eher mit abgestandenem Mief, als zu kühlen.

Ich konnte nicht einschlafen. Würde ich meinen Großvater morgen finden? Und wenn ja, wie würde er darauf reagieren, dass ich plötzlich und ohne Vorwarnung aus dem Nichts auftauchte? Was war das große Geheimnis, das zwischen meine Mutter und ihn getreten war?

Es hatte geregnet in der Nacht, wenn auch nicht genug, um den Dreck und Staub von dem Toyota zu waschen, der im Schein der späten Vormittagssonne verloren und abgewrackt dastand. Ich warf meine Tasche in die Fahrerkabine, kletterte in den hinteren Teil und holte die Weihnachtskarte, um Namen und Adresse, die darauf verzeichnet waren, zum hundertsten Mal zu lesen. Dann betrachtete ich die Straßenkarte von Mississippi und den eingefügten Stadtplan von Natchez und fuhr los.

»Also, Grandpa«, sagte ich, »jetzt komm ich, ob du bereit bist oder nicht.«

6

Die St. Catherine Street war ein Tunnel aus Baumstämmen und Laubkronen zwischen der Pine Street und der Cemetery Road. Herrschaftliche alte Häuser standen zu beiden Seiten, mit weißen Säulen an den Portalen und mit Veranden, die an den Seiten entlangliefen. Nachdem ich vor Nummer 19 geparkt hatte, ging ich einen Gartenweg aus Natursteinplatten entlang, vorbei an duftenden Rosenbüschen. Ich nahm meinen Mut zusammen und klopfte. Mein Großvater muss ja ganz schön reich sein, überlegte ich.

Die Tür wurde geöffnet und es erschien eine ältere Frau, hoch gewachsen und aufrecht wie die Säulen zu ihren Seiten. Sie trug Brillantohrstecker und ein rosafarbenes Kleid. Es betonte ihr blondes Haar, das an den Wurzeln ergraut war. Ihre dichten Augenbrauen zogen sich irritiert zusammen.

»Lieferungen werden an der Hintertür entgegengenommen«, sagte sie mit vornehmer Stimme und sanftem, gedehntem Tonfall.

Ich hatte am Morgen darauf geachtet, eine saubere Hose und ein weißes Hemd anzuziehen, und hatte eigentlich nicht erwartet, wie ein Lieferantenjunge auszusehen.

»Verzeihung, Ma'am«, sagte ich so höflich wie möglich. »Ich suche Mr Lucas Straight.«

»Da hast du wohl das falsche Haus erwischt«, erwiderte sie und trat zurück, um die Tür zu schließen.

»Aber ...« Ich zog den Umschlag aus der Hemdtasche. »Das hier ist doch St. Catherine Street Nummer 19, oder?«

»Das ist richtig. Aber hier wohnt keiner, der so heißt, und er hat auch nie hier gewohnt. Und wird niemals hier wohnen«, fügte sie mit vernichtendem Blick hinzu. »Wahrscheinlich suchst du die *andere* St. Catherine Street, im Norden der Stadt. Wenn du mich nun entschuldigen würdest.«

Und die Tür wurde geschlossen. Das war also die Gastfreundlichkeit des Südens.

Die *andere* St. Catherine Street war eine ungeteerte Straße, die neben einem sich dahinwindenden Flussarm entlanglief, am Rand der Stadt, zwischen der Cemetery Road und dem Mississippi. Das hier, sagte ich mir, als ich an einer Holzhütte mit zwei abgewrackten Autos im Hof vorüberfuhr, sieht schon passender aus. Eine gelbe Staubfahne folgte dem Wagen, während ich langsam weiterfuhr und die verblassten Namen auf den Briefkästen entzifferte, die am Straßenrand vor einstöckigen Holzhäusern standen. Der Abstand zwischen ihnen war so groß, dass man zwischen dickstämmigen, moosbedeckten Bäumen den Fluss aufblitzen sah.

Mir wurde es flau im Magen. Ich war angekommen, das spürte ich, und mein Mut schwand in der sengenden Hitze dahin und verflüchtigte sich mit der Brise, die vom Fluss her kam und nach lauwarmem Wasser und verrottetem Laub roch. Warum war ich nicht begeistert und ganz wild darauf, meinem Großvater die Hand zu schütteln? Weil das Familiengeheimnis wie ein unbeendeter Streit auf unserem Treffen lasten würde. Weil ich keine Ahnung hatte, ob mich mein Großvater in den Arm nehmen oder die Treppe hinunterstoßen würde. Zum zweiten Mal seit meiner Ankunft in Natchez kniff ich. Vielleicht sollte ich die Angelegenheit erst mal sachte angehen, fand ich, die Lage austesten, ehe ich ihm sage, wer ich bin.

Der Abstand zwischen den Häusern wurde größer, die Straße wurde unebener und enger. Ich folgte einer Biegung und war schon fast an dem Briefkasten vorbei, als mir die Buchstaben darauf ins Auge fielen, CAS STRAI. Das waren wohl die Reste von LUCAS STRAIGHT, befand ich. Ich schaltete den Motor ab und ließ den Wagen auf dem Seitenstreifen ausrollen.

Die Hüttenwände waren aus grauen Holzbrettern. Das rostige Blechdach wurde überschattet von jenen großen Bäumen mit breiten Kronen, die ich schon oft in Filmen gesehen hatte, die im Süden spielten – immergrüne Eichen. An der Front und einer Seite des Hauses lief eine Veranda entlang und der sauber gefegte Hof aus fest gestampftem Erdboden war von einem Palisadenzaun umgeben, der aussah, als sei er seit vor meiner Geburt nicht mehr gestrichen worden. Das Ganze machte einen gepflegten und sauberen Eindruck. Ein alter Mann saß in einem Holzsessel, der an Ketten von den Balken über der Veranda herunterhing. Er fächelte sich Luft zu und las ein Buch.

Ich war inzwischen völlig aus der Fassung und hatte Angst, dem Fremden entgegenzutreten. Verzweifelt überlegte ich. Ich stieg aus dem Wagen, öffnete die Motorhaube und zog das Zündkabel aus dem Verteiler. Dann kletterte ich wieder auf den Fahrersitz, drehte den Zündschlüssel und hörte, wie der Motor heftig rotierte, ohne anzuspringen. Erneut stieg ich aus, stand auf der staubigen Straße und schüttelte in gespielter Verzweiflung den Kopf. Ich sah zu dem Holzhaus hinüber.

Der alte Mann beobachtete mich. Ich stieß das Gartentor auf und ging über den Hof. Nun stand ich meinem Großvater gegenüber. Er war es bestimmt. Er musste es einfach sein. Seine Nase mit dem schmalen Rücken und den breiten Nasenlöchern glich genau der meiner Mutter, ebenso wie die hohe, breite Stirn. Seine dicke Oberlippe war eingekerbt wie die von Louis Armstrong.

Ich nahm die Mütze ab, schluckte heftig und sagte: »Hi, Sir, ich ...«

Er legte das Buch beiseite. »Einen schönen guten Tag auch. Wie geht's?«

»Äh, danke, gut, und selbst?«

»Kann nicht klagen.«

»Dürfte ich Sie wohl um ein Glas Wasser bitten?«

»Nimm dir doch ein Glas Tee, Junge.«

Ich will überhaupt nicht den Versuch machen, seine Mundart zu imitieren. Er sprach mit tiefer, rauer Stimme und zog die Wörter so in die Breite – wobei er ein paar zusätzliche Silben einfügte –, als hätte er den ganzen Tag Zeit für einen Satz.

Neben seiner Schaukel auf einem Tisch standen ein Krug mit goldgelber Flüssigkeit und ein paar Plastikbecher. Ein Spazierstock lehnte hinter dem Tisch an der Hauswand. Als ich mir den Eistee eingeschenkt und ihn probiert hatte, forderte er mich auf, ihm gegenüber in dem Korbstuhl Platz zu nehmen.

»Soll ich dir den Abschleppwagen rufen?«

»Nein! Vielmehr, nein danke, Sir. Ich glaube, ich krieg's selbst wieder hin.«

»Kommst wohl irgendwo aus dem Norden, was?«

»Ohio.«

Ich wählte diesen Staat, weil die Nummernschilder dort blauweiß waren, wie in Ontario. Ich dachte, wenn ich ihm die Wahrheit sagte, würde er vielleicht Verdacht schöpfen.

Er nickte. »Dachte ich mir schon.« Der Fächer bewegte sich wieder hin und her und die Ketten, an der die Schaukel hing, quietschten.

»Ziemlich heiß hier unten«, bemerkte ich. »Und schwül.«

Der alte Mann nickte, der Fächer schwang hin und her.

»Wohnen Sie allein hier?«, fragte ich.

Wieder ein Nicken. »Hab aber viele Verwandte in der Nähe.«

Mir fiel nichts mehr ein, was ich sagen könnte. Daher stellte ich das leere Glas auf den Tisch und stand auf.

»Also, vielen Dank für den Tee. Ich mach mich mal lieber an dem Wagen zu schaffen.«

»Ruf einfach, wenn du Hilfe brauchst.«

Die Nachmittagssonne warf Schatten über die Straße. Ich lag rücklings im Staub, schob mich unter den Wagen, betrachtete eine Weile lang die ölverschmierte Unterseite des Motors und zögerte mein kleines Spielchen hin. Was sollte ich nur als Nächstes machen? Ich veränderte meine Lage so, dass ich die Veranda sehen konnte. Er hatte sein Buch nicht wieder aufgenommen. Er beobachtete mich. Vielleicht ist er misstrauisch, dachte ich. Ein junger Typ aus dem Norden taucht in seinem Vorgarten auf und stellt Fragen. Kein Wunder, dass er vorsichtig ist.

Ich schob mich unter dem Toyota hervor, klopfte den Staub von der Hose, lehnte mich über den Kotflügel und spähte in den kleinen Vierzylindermotor wie ein Chirurg, der eine Diagnose stellt. Als ich zu der Veranda hinüberblickte, rauchte der alte Mann eine Pfeife. Ein Weilchen später stand er auf, nahm seinen Stock und kam steif die Stufen herunter und durch das Gartentor.

Er war größer, als ich vermutet hatte, schlank und drahtig, und er ging leicht gebückt. Beim Gehen stützte er sich auf den Stock, als ob sein rechtes Knie steif sei. Ehe er bei mir ankam, steckte ich das Kabel wieder in den Verteiler und richtete mich auf.

»Hab das Problem, glaub ich, gelöst«, sagte ich.

»Aha.«

»Sie werden's nicht glauben, einfach ein loser Draht.«

Und außerdem bin ich Ihr Enkel, platzte ich fast heraus. Stattdessen stieg ich in den Wagen, während er auf den Stock gelehnt dastand und in den Motor starrte. Ich drehte den Zündschlüssel und der Motor sprang an. Ich ließ ihn ein bisschen aufheulen, um mein Spielchen fortzusetzen.

Was nun?, fragte ich mich. Vielleicht fahr ich einfach wieder nach Hause und schreib ihm einen Brief. Jetzt saß ich ganz schön in der Patsche mit meinem Spielchen und kam mir dämlich vor. Wenn ich ihm jetzt nämlich sagte, wer ich bin, würde er wahrscheinlich denken, dass ich in eine Klapsmühle gehöre. Ich saß einfach da und war wütend auf mich selbst, weil ich so ein Feigling war, aber nicht wütend genug, dass mein Mut angestachelt wurde.

Stattdessen fragte ich: »Sir, darf ich Sie nach Ihrem Namen fragen?«

»Lucas Straight«, sagte er. Er schwieg und als ich nicht weitersprach, fragte er: »Und deiner?«

Das war die Gelegenheit. Wenn ich es ihm gesagt hätte, was hätte er getan? Mir gesagt, ich solle abhauen? Mich beschimpft? Wie so viele Male in meinem Leben blieb ich stumm. Mein Verstand war im Leerlauf. Ich holte tief Luft. »Mike Wilkes«, sagte ich. Wilkes war Jens Nachname.

»So so, Mike«, krächzte er um das Mundstück seiner Pfeife herum, »du scheinst dich mit Motoren ja gut auszukennen.«

»Ich ... na ja ... ich hab in der Schule einen Mechanikkurs belegt.«

»Bei euch da oben in Ohio.« Er sprach es *Oh-hei-uh* aus.

»Ja.«

»Es ist nämlich so, Mike. Ich hab da drüben in dem Schuppen eine alte Pumpe, die nicht läuft. Brauch sie, um Wasser aus dem Bayou

zu pumpen, wenn im Brunnen keins mehr ist. Wenn du sie wieder zum Laufen bringst, dann zahl ich dir gern was dafür.«
Ich sprang fast aus dem Wagen. »Klar.«
»Dann park mal in der Auffahrt. Werkzeug ist im Schuppen, falls du welches brauchst.«
Und mit diesen Worten drehte er sich um und ging auf die Veranda zu.

Der Hof hinter dem Haus war überdacht von immergrünen Eichen, aus deren Kronen graue Schleier von Spanischem Moos herunterhingen. Ein Anleger ragte in das stille, karamellfarbene Wasser des Flussarms, den sie hier Bayou nennen, hinaus. An dem Geländer war ein Gartenstuhl mit einem Stück ausgefranstem Plastikseil festgebunden. Auf der gegenüberliegenden Seite ragten Zypressen aus dem morastigen Ufer. Ihre skelettartigen Stämme erhoben sich in den leuchtend blauen Himmel und warfen gestreifte Schatten auf das Wasser.
Der Pumpenmotor, ein alter Viertakter, war lange nicht in Betrieb gewesen. Das Öl in der Ölwanne war schwarz vor Alter. Der Tank war voll. Ich zog ein paar Mal an dem Startkabel, doch es tat sich nichts, nicht mal ein Muckser. Ich hob die Pumpe auf die breite Arbeitsfläche, die in Hüfthöhe seitlich am Schuppen angebracht war, dann ging ich in den Schuppen hinein und suchte nach Werkzeug. Die Zündkerze war so verrußt, dass der Motor nie mehr anspringen würde. Die Vergaserteile hatten eine richtiggehende Patina, so lange waren sie unbenutzt geblieben. Ich säuberte sie mit einer Bürste und mit Stahlwolle.
Die Arbeit an der Pumpe entspannte mich etwas. Als ich den Vergaser wieder eingebaut hatte, richtete ich mich auf und streckte mich. In dem Moment fiel mir das dreckverspritzte Nummernschild vorne am Wagen auf und ich erinnerte mich, dass die Autos in den meisten Staaten nur an der hinteren Stoßstange Nummernschilder trugen. Verstohlen sah ich zum Haus hinüber, dann entfernte ich das Schild rasch, wobei ich mir in der Eile die Haut an den Knöcheln

abschürfte, und warf das Ding unter den Sitz. Dann holte ich mir einen Klecks Schmierfett aus dem Plastikkanister, den ich im Schuppen entdeckt hatte, und verstrich ihn über dem Wort *Ontario* auf dem hinteren Nummernschild. Und zwar keine Sekunde zu früh. Ich hörte, wie eine Tür quietschend aufging und zuschlug. Mein Großvater humpelte mit einem Glas Tee in der Hand zu meinem Arbeitsplatz herüber.

»Dachte, du kannst vielleicht was gebrauchen.«

»Danke, Mr Straight.«

»Nenn mich Lucas, Mike.«

»Ähm, gern.« Ich hielt die Zündkerze der Pumpe hoch. »Wenn Sie mir sagen, wo ich hin muss, dann besorg ich Ihnen eine neue. Die hier ist hinüber.«

Lucas beschrieb mir den Weg zu einer Werkstatt am Stadtrand. »Geh aber nicht zu der Texaco«, betonte er. »Die gehört einem Weißen.«

Als ich ankam, wurde gerade geschlossen, aber ich bekam die Zündkerze noch. Wieder zurückgekommen, installierte ich sie, und schon beim zweiten Versuch mit dem Starterkabel sprang der Motor an und schnurrte vor sich hin wie neu. Ich ließ ihn eine halbe Minute laufen und stellte ihn dann ab – solange kein Wasser durchlief, würde sich der Pumpmechanismus sonst überhitzen. Dann nahm ich die Pumpe auseinander, säuberte sie, fettete alle Teile ein und setzte sie wieder zusammen.

Als ich schließlich fertig war, begann es bereits zu dämmern und im Haus waren die Lichter an. Ich wischte die Hände an einem Lappen ab und klopfte an die Haustür.

»Komm nach hinten in die Küche, Mike«, hörte ich ihn rufen.

Einige Sekunden blieb ich stehen und sog genüsslich die Düfte von Pfeifenrauch und gebratenem Fleisch ein – ich war hungrig –, bis mir klar wurde, dass *ich* mit Mike gemeint war. Die Tür führte in ein kleines Wohnzimmer mit Kamin, einer Couch und einem Sessel mit zerschlissenen Polstern. Beim Durchgehen entdeckte ich sein Buch auf dem Couchtisch, *Panther in Ketten*, und an den

Wänden hingen verblichene Fotos von Martin Luther King und Malcolm X.

Die Küche lag nach hinten raus und man konnte nicht gerade behaupten, dass sie für ein Lifestyle-Magazin in Frage gekommen wäre. Über der Spüle war nur ein Kaltwasserhahn, es gab einen zweiflammigen Gaskocher und ein paar Schränke. Auf einem kleinen runden Tisch war für zwei gedeckt.

»Wasch dich doch an der Spüle da«, sagte Lucas und stellte eine Platte mit Brathähnchen auf den Tisch. »Es gibt Abendbrot.«

Ich hatte auch richtig Hunger. Auf das kalte Brathähnchen mit Brot und Butter und Eistee folgten Haferkekse mit Rosinen, direkt aus der Tüte. Wir redeten nicht viel während der Mahlzeit – was eine Erleichterung für mich war, denn so musste ich mir beim Essen nicht einen Haufen Lügen ausdenken.

»Du willst morgen dann wohl weiter«, sagte Lucas, lehnte sich in seinem Stuhl zurück und wischte die Krümel mit dem Handrücken vom Mund.

»Ja.«

Ich wusste, dass er auf eine Information von mir wartete, wohin ich mich wenden würde. Mir war inzwischen klar, dass er es für ungehörig hielt, viele Fragen zu stellen. Ich sagte nichts. Stattdessen knabberte ich an einem Keks und schob den Moment vor mir her, wo ich gehen musste.

Lucas griff in die Tasche und legte eine Zehn-Dollar-Note auf den Tisch.

»Danke dir für die Hilfe mit der Pumpe«, sagte er.

»Nein, das ist schon in Ordnung, Mr … Lucas, ich hab's gern gemacht.«

»Mike, ich hab dich um Hilfe gebeten. Kein Wort mehr darüber.«

»Okay. Danke.« Ich steckte das Geld ein.

»Wo willst du übernachten?«

»Der Lieferwagen ist zum Campen eingerichtet. Ich find schon irgendwo einen Platz.«

»Wenn du willst, kannst du gerne in meiner Auffahrt bleiben.«

»Okay«, sagte ich und hoffte, dass meine Erleichterung nicht zu offensichtlich war.»Danke.«

Also legte ich mich im Wagen schlafen. Mein Bauch war voll und mein Kopf hallte von Gedanken und Fragen wider. In gewisser Weise war ich jetzt befriedigt. Ich hatte meinen Großvater kennen gelernt. Er schien ganz in Ordnung zu sein. Und jetzt, wo ich ihn als konkrete Person kannte und er keine abstrakte Figur in der Ferne mehr war, war ich zuversichtlicher. Morgen wollte ich ihm sagen, wer ich bin. Würde er mich hinauswerfen, würde ich ohne Bedauern nach Hause gehen. Aber nicht, ehe ich wusste, was zwischen ihm und meiner Mutter vorgefallen war. Ich hatte allerdings schon so eine Ahnung. Ich hatte ein Recht auf Gewissheit. Ich war sein Enkel. Das war er mir schuldig.

7

Ich schlief unruhig und warf mich in der Hitze hin und her, bis mich ein lautes Geräusch, das vom Fluss unten kam, weckte. Die feuchte, schwüle Luft war völlig unbewegt und erfüllt von den schweren Düften vom Bayou. Ich spitzte die Ohren, um mehr zu hören, vernahm aber nur das Zirpen von Zikaden, das Quaken von Fröschen und das Summen von Insekten. Die Erinnerung an die Attacke der Bullen drängte sich in meinen Kopf und ich wurde angespannt und nervös. Auf die Ellbogen gestützt verrenkte ich den Kopf und schaute aus dem Vorderfenster des Wagens.

Unten an dem Anleger war ein starkes Licht auf das Wasser gerichtet. Ein Schatten huschte daran vorbei.

Mein Herz fing wild zu schlagen an und mein Atem ging in kürzeren Stößen. Ich strengte die Augen an, um mehr zu sehen, aber es gelang mir nicht – der Himmel war ein schwarzes Gewölbe ohne Mond oder Sterne. Einen Augenblick lang wurde das Licht wieder verdeckt und ich hörte ein leises Plätschern.

Ich schob meinen Schlafsack zurück, kletterte durch das schmale

Fenster in die Fahrerkabine und tastete nach dem Schlüssel im Zündschloss. Wenn es sein musste, konnte ich den Wagen anlassen und war in Sekunden hier weg. In der Unterwäsche saß ich hinter dem Steuerrad und starrte auf das Licht. Wer war da auf dem Steg? Was machte er dort mitten in der Nacht? War er über den Fluss gekommen, um bei Lucas einzubrechen, weil er wusste, dass da ein alter Mann wohnte?

Die Figur bewegte sich wieder. Sie hatte etwas Langes, Schlankes in der Hand.

Eine Flinte.

Der Eindringling beugte sich vornüber, richtete sich auf und bückte sich wieder. Erneut ein Klatschen. Ich war inzwischen ganz wach und mein Kopf fing zu funktionieren an. Ich musste meinen Großvater warnen. Ich legte die Hand auf den Türgriff und ließ wieder los, während ich langsam den Atem ausstieß. Fast hätte ich einen Fehler gemacht. Ich langte nach oben und knipste das Innenlicht in die Stellung, in der es nicht anging, wenn die Tür geöffnet wurde.

Wie in Zeitlupe schlüpfte ich aus dem Wagen. Die Tür ließ ich offen stehen. Der Boden fühlte sich unter meinen nackten Füßen kühl an. Durch die Dunkelheit schlich ich an der Seite des Schuppens entlang und ließ die Finger über die rauen Bretter gleiten, um mich zu orientieren. Hinter einem Baum kauerte ich mich hin, hielt den Atem an und beobachtete die Person auf dem Anleger.

Und ich spürte, wie ich von einer Wut gepackt wurde. Was bildete sich dieser Idiot ein, sich mit einer Knarre in der Hand auf das Grundstück meines Großvaters zu schleichen? Mit dem Mut der Verzweiflung fasste ich einen Plan.

Ich glitt zum Wagen zurück, griff hinein und schaltete die Scheinwerfer an.

Im hell gleißenden Schein des Fernlichts erhob sich am Ende des Anlegers ein Mann mit ruckartigen Bewegungen und drehte sich in meine Richtung um, wobei er den Arm vor die Augen hob. Klar wie auf einem Foto sah ich, dass er in der anderen Hand eine Angelrute hielt. Neben ihm, bei dem Gartenstuhl, stand ein weißer Plastikeimer. Eine zweite Angel lehnte am Geländer. Die Leine schwang sich sanft von der Spitze der Rute bis zu einem Schwimmer, der inmitten des Lichtkegels auf dem Wasser schwamm.

Der Mann war Lucas.

»Was zum …«, rief er aus. Dabei trat er einen Schritt zurück, stieß mit dem steifen Bein an den Stuhl und fiel vom Steg. Er stieß einen Schrei aus, während gleichzeitig eine Wasserfontäne in den Lichtschein aufstieg.

Ich rannte los. »Es tut mir Leid! Es tut mir Leid!«, schrie ich und meine Schritte polterten über die Holzplanken. Am Ende der Bretter sprang ich in das warme, brusthohe Wasser. Mit den Füßen sank ich im Schlamm ein, der zwischen meinen Zehen unanständige Geräusche machte. Verzweifelt griff ich nach Lucas und wurde von seinen umherschlagenden Armen mit einem Schlag zwischen die Augen belohnt. Da er es nicht schaffte, Boden unter die Füße zu bekommen, schlug er sinnlos auf das Wasser ein und wirbelte unnötig viel Schaum und schlammiges Wasser auf.

Ich watete hinter ihn, legte ihm die Arme um die Brust und zerrte ihn an das glitschige Ufer.

»Im Namen von allen, die dir heilig sind, was glaubst du eigentlich, was du da machst?«, donnerte er spuckend und setzte sich auf. Seine Stimme, die von der feuchten Nachtluft weitergetragen wurde, hallte von der gegenüberliegenden Seite des Wassers zurück.

»Ich hab ein Geräusch gehört und gedacht, dass ich jemand mit 'ner Knarre gesehen hätte.«

Lucas wischte sich das Gesicht ab und spuckte Flusswasser aus. »Eine Knarre? Hast wohl zu viele Filme gesehen, Junge. Los, geh noch mal ins Wasser und hol meine Angel raus.«

Ich watete in den Bayou, griff nach dem Schwimmer und zog sachte an der Leine, bis die Angelrute an die Oberfläche kam. Ich warf sie auf den Anleger und watete ans Ufer zurück.

Der saugende Schlamm um mich herum ließ mich schaudern vor Ekel.

Lucas stand tropfend in dem grellen Licht. Sein triefnasses Hemd und der Overall klebten an seinem knochigen Körper. Als er mich in meiner Unterwäsche an Land klettern sah, musste er lachen.

»Was ist denn so wahnsinnig komisch?«, fragte ich, obwohl es nicht er war, auf den ich eine Wut hatte.

»Mike«, prustete er, »du siehst wie ein verstörter Seeteufel aus, der 'ne schlimme Nacht hinter sich hat.«

Er warf den Kopf zurück und sein Lachen hallte erneut über den Bayou.

»Es tut mir Leid«, sagte ich zum dritten Mal mit lahmer Stimme.

»Ist alles in Ordnung mit Ihnen?«

»Stell die verdammten Scheinwerfer ab«, sagte er krächzend, »und dann gehen wir rein und trocknen uns ab.«

Später saßen wir in der stillen Dunkelheit auf dem Anleger. Zwischen unseren Stühlen stand eine Thermoskanne mit heißem Kaffee und im Lichtkegel auf dem ruhigen Wasser hüpften zwei rot-weiße Schwimmer. Drei kleinere Fische und zwei Exemplare Catfish stießen mit den Nasen an die Seiten des weißen Eimers und pumpten mit den Kiemen.

»Weißt du«, sagte Lucas langsam, »als ich ein kleiner Junge war, gab es da drüben im Sumpf und im Busch eine Menge Fische und Wild.«

»Auch Panther?«

Er kicherte, während er eine frische zappelnde Elritze auf den Haken steckte. »Panther? In Mississippi? Wie kommst du denn da drauf?«

»Wegen Ihrem Buch.«

Lucas lachte wieder. Ich kam mir allmählich wie der Tölpel in einem Clown-Duo vor.

»Das ist die Geschichte der Black Panther-Bewegung«, belehrte er mich und warf seine Leine aus. »Das war 'ne militante Black-

Power-Gruppe damals in den Sechzigern. Haben schon 'ne Menge Gutes gebracht, auch wenn ein paar von ihnen den bewaffneten Kampf gepredigt haben. Aber das System hat sie schließlich kleingekriegt, wie immer.«

Er schlug nach einem Moskito auf seinem Nacken. »Was macht dein Auge?«

Vorsichtig berührte ich den dicken Wulst unter dem preisverdächtigen Veilchen. Mein Auge war halb zugeschwollen. »Schon in Ordnung. Vielleicht seh ich damit wie ein Schläger aus.«

Lucas lachte. »Ganz bestimmt«, sagte er, »das tust du. He, bei dir hat einer angebissen!«

Wir angelten die ganze Nacht. Still saßen wir beieinander, lauschten auf die Nachtgeräusche des Sumpfes und beobachteten, wie die Sterne herauskamen, als sich eine Brise erhob und die Wolken vertrieb. Ein paar Stunden vor der Dämmerung kehrten wir ins Haus zurück und wuschen uns.

»Leg dich im Gästezimmer aufs Ohr«, sagte Lucas und hob den Eimer mit Fischen auf das Brett neben dem Spülstein. Ich schleppte mich in das kleine Schlafzimmer neben dem seinen. Ohne das Licht anzumachen, streifte ich die Schuhe ab, legte mich hin und fiel in einen traumlosen Schlaf.

8

Am nächsten Morgen tappte ich in die Küche. Ich gähnte, rieb mir den Schlaf aus den Augen – und schrie auf, als ich auf die empfindliche Schwellung meines Veilchens drückte. Lucas schenkte gerade Kaffee ein. Auf dem Tisch standen zwei Teller, auf jedem lag ein belegtes Brot aus dicken Weißbrotscheiben.

Lucas war frisch rasiert und trug lange schwarze Hosen und ein langärmeliges weißes Hemd mit schwarzer Krawatte. Nichts erinnerte mehr an den Fischer von der vergangenen Nacht. Eine Anzugjacke hing über der Lehne einer der Stühle.

»Morgen, Mike. Setzt dich und greif zu.«

Nach der langen Nacht war ich hungrig, und noch etwas abwesend vor Müdigkeit nahm ich einen Bissen. Was auch immer es sein mochte, das da zwischen den Brotscheiben lag, es schmeckte warm, knusprig und köstlich. Nach vier oder fünf Bissen war ich fertig und leerte den Becher.

»Wie geht's dem Auge?«, fragte Lucas und ein Hauch von Verlegenheit schwang in seiner Stimme mit.

»Schon etwas besser. Es ist ein bisschen abgeschwollen.«

Lucas nickte.

»Das Brot war lecker«, sagte ich. »Was war drauf?«

»Gebratener Catfish. Noch Kaffee?«

»Äh, gern.« Mir trat das Bild von diesen hässlichen, flachköpfigen und stacheligen Biestern mit ihren aalgleichen Körpern vor Augen. Gut, dass ich ihn erst nach dem Essen gefragt hatte.

»Einer von denen, die wir heute Nacht rausgezogen haben. Der restliche Fang ist in der Gefriertruhe.«

Lucas stellte die nachgefüllte Tasse auf den Tisch. »Mike, ich hoffe, du nimmst mir meine Unhöflichkeit nicht übel, aber hast du vor, heute weiterzufahren?«

Ich hatte aus dem Fenster über den Hof in das goldene Sonnenlicht auf dem Fluss gestarrt und seine Frage kam unerwartet. Diese friedliche Idylle zu verlassen war das Letzte, an das ich gedacht hatte.

»Ähm, ja, ich glaub schon«, stotterte ich.

»Ich frag nämlich«, fuhr er fort, »weil ich heute auf 'ne Beerdigung muss. Will dann mal meinen Neffen anrufen. Er fährt mich in seinem Auto zur Kirche.«

Ich war etwas verletzt. Mein eigener Großvater wies mir die Tür. Gut, ich wusste schon, dass ich mich dämlich verhielt. Für Lucas war ich schließlich ein Fremder aus dem Norden namens Mike, den er erst seit einem Tag kannte. Aber wir hatten die ganze Nacht miteinander beim Angeln verbracht. Er hatte mir Geschichten erzählt über die Orte und Leute im Raum von Natchez und seine ruhige Stimme und unser Gelächter war in die tintenschwarze

Dunkelheit gestiegen wie Rauch. Er hatte mir gezeigt, wie man einen Wurm oder eine Elritze als Köder anbringt und wie man unterscheiden konnte zwischen einem kleineren Fisch, der sich ängstlich an den Köder machte, und dem Zerren eines Catfish. Jetzt war alles vorbei.

»Das ist schon in Ordnung, *Mr. Straight*«, versicherte ich ihm.

»Ich versteh das. Ich hatte vor ... Halt! Einen Moment mal. Warum soll ich Sie nicht zu der Beerdigung fahren? Ich würde es gerne tun. Ich setze Sie ab und fahre von dort weiter.«

»Ach, ich will dir aber keine Umstände machen.«

Eine halbe Stunde später – ich war geduscht und hatte meine letzten sauberen und nicht zu verknitterten Sachen an – fuhr ich über eine Reihe von unasphaltierten Straßen durch flache, grüne Felder. Lucas saß neben mir. Seine blinkenden Schuhe standen auf einem Teppich aus Schnellimbiss-Verpackungen. Seinen Spazierstock hatte er zwischen den Knien.

»War der ... ist es die Beerdigung von einem Verwandten?«, fragte ich ihn.

»Von einem guten Freund«, sagte er ernst. »Einem sehr guten Freund.«

»Mein Beileid.«

»Ach, eigentlich war es ein Segen, als er gehen durfte. Eine Befreiung. Der arme alte Ray hatte Krebs, hat sein Leben lang geraucht wie ein Schlot, zwei oder drei Päckchen am Tag. Am Ende hat er starke Schmerzen gehabt. Die Nächste links, Mike. Das da drüben ist die Kirche.«

Ich hielt den Wagen an. Kreuz und quer abgestellte Pickups und ältere Limousinen standen dicht gedrängt im Schatten einer Eiche. Ein Leichenwagen und zwei schwarze Limousinen parkten vor den Stufen zur Kirche.

»Bin nicht im Gottesdienst gewesen seit der letzten Beerdigung, bei der ich war«, sagte er.

»Sie sind nicht besonders religiös, hey?«, fragte ich und ohrfeigte mich innerlich, dass mir der kanadische Ausdruck rausgerutscht war. Bisher war es mir doch gelungen, das ›hey‹ zu vermeiden – aus purer Angst, mich zu verraten.

Aber es schien Lucas nicht aufzufallen. »Nein, bin ich nicht. Uns ist das Christentum von den Weißen aufgezwungen worden, als unsere Vorfahren von Afrika hierher kamen. Es war ein Mittel der Unterdrückung und sollte uns dazu bringen, unsere Lage so wie sie war zu akzeptieren. Ich bin als Baptist erzogen worden, aber als Teenager habe ich mich davon befreit, als ich begriffen hatte, wie es läuft in der Welt, und als ich alles durchschaut hatte. Aber das ist jetzt weder der Ort noch die Stunde für so etwas«, fuhr er fort. »Du kannst gerne mit reinkommen, Mike.«

»Nein, *Sir*, danke. Ich verabschiede mich jetzt wohl am besten.«

»Nicht so eilig. Nach dem Gottesdienst gibt es ein Picknick. Ich möchte dich gerne einladen, es sei denn, du hast's eilig.«

»Nein. Nein, eilig hab ich's nicht.«

»Gut.« Er schloss die Wagentür und humpelte auf die Kirche zu.

Auf der Fahrt hatte ich beschlossen, Lucas nicht zu erzählen, wer ich wirklich war. Es kam mir gemein vor, auf dem Weg zur Beerdigung seines Freundes so eine Bombe platzen zu lassen. Nein, ich wollte ihm schreiben, wenn ich zurück war, ihm für seine Gastfreundschaft danken und darauf hoffen, dass er antwortete. Und was das Familiengeheimnis anging, danach konnte ich ihn ja in dem Brief fragen.

Bei einer Tankstelle, an der wir vorbeigefahren waren, hatte ich eine Telefonzelle bemerkt, und nachdem Lucas im Schatten der Kirchentür verschwunden war, fuhr ich dort hin, um meine Eltern und Großeltern ein weiteres Mal anzuschwindeln. Zum Glück waren Mom und Dad nicht in ihrem Hotelzimmer. »Bis in ein paar Tagen also«, zwitscherte ich auf den Anrufbeantworter. Meine Großeltern waren nicht zu Hause, daher hinterließ ich ihnen ebenfalls eine Nachricht.

Ich fuhr an die Zapfsäulen heran und stieg aus um zu tanken. Es war wahnsinnig heiß. Die windstille Luft roch nach Benzin und öligem Staub, und aus dem Laden, der zur Tankstelle gehörte, drang Kaffeeduft. In diesem Teil der Stadt war wenig Verkehr. Ich überlegte mir gerade, ob der Ort wohl genauso öde war wie Fergus, als ein großer Pickup, glänzend und blau und nass von einer Autowäsche, aufheulend neben den Zapfsäulen stehen blieb. Die Räder wirbelten Staubwolken auf. Aus der Fahrerkabine erklang jammernd Countrymusic und im Rückfenster hing eine Südstaatenflagge. Der Beifahrer, ein langhaariger Mann mit ausgebleichter Baseball-Mütze, warf mir einen verächtlichen Blick zu. Hinter seinem Kopf lag eine Schrotflinte in einem hölzernen Gestell.

Die Fahrertür wurde zugeschlagen und ein Mann mittleren Alters in Jeansklamotten kam um den Wagen herum, schraubte den Tankdeckel ab und donnerte den Zapfhahn in die Öffnung. Er spähte unter dem Schirm seiner Mütze zu mir herüber, ließ den Blick über den Wagen gleiten und blieb mit seinen wässrig blauen Augen an dem Nummernschild hängen. Unter der Unterlippe hatte er eine schwarze Linie, als hätte er sich an der falschen Stelle einen Schnurrbart angemalt, aber es wirkte eher bedrohlich als komisch.

»Und, wie steht's da oben im Norden?«, sagte er höhnisch. Seine Sprechweise war so breit wie der Mississippi. Dann lehnte er sich vor und spuckte einen Schwall Kautabak aus. Der schwarze Saft kullerte über den Staub wie verschüttetes Motoröl.

»Gut, danke«, sagte ich unbewegt.

Ich verspürte gleichzeitig Verachtung und Angst. Wenn ich je einer klischeehaften Situation begegnet war, dann war das hier – der Pickup, die Musik, die Fahne und die Knarre und der Kautabaksaft, die unverhohlene Verachtung für einen schwarzen Jugendlichen in einem zerbeulten Toyota. Ich überlegte, ob die beiden Rowdies wohl Tätowierungen unter ihren T-Shirts trugen, rechtsextreme Wehrsportpamphlete lasen und jeden Tag zu ihren Wohnwägen zurückkehrten, in denen ihnen übergewichtige Frauen mit Namen wie Bobbie-Jo oder Wendy-Lou ein Budweiser einschenkten, ehe die Männer zum Schießstand gingen.

Ich zog den Hahn aus der Tanköffnung und schraubte den Deckel wieder auf, obwohl ich wusste, dass ich erst rund zehn Liter getankt hatte. Ich wollte so schnell wie möglich weg hier.

»Gibt's da oben keine amerikanischen Pickups?«

»Ähm, konnte sich mein Dad nicht leisten«, sagte ich lahm und hoffte, dass meine Stimme nicht so sehr zitterte, wie es mir vorkam.

»Is' ja komisch«, näselte der Mann im Pickup gegen die Gitarren- und Banjoklänge an, »Leute wie ihr kriegt doch all die guten Jobs heutzutage.« Seine Stimme klang bedrohlich. »Oder ihr kriegt euer Leben lang Sozialhilfe.«

Ich unterdrückte den Drang, eine bissige Bemerkung über den Widerspruch seiner Worte loszulassen, wandte mich um und ging an die Kasse. Mit zitternden Händen legte ich das Geld hin.

»Komm bald mal wieder vorbei«, sagte die junge Kassiererin. Sie lächelte und ließ eine Kaugummiblase platzen, während sie die Scheine in die Kasse stopfte.

Lieber nicht, dachte ich, als ich abfuhr. Ich stellte die Scheibenwischer an, um einen Spritzer Kautabaksaft von der Scheibe zu waschen.

Bei der Kirche parkte ich wieder unter demselben Baum. Dankbar bemerkte ich die Brise, die in den Ästen über mir säuselte, durch die Blätter fuhr und bis in die Fahrerkabine drang. In dem kleinen weißen Gebäude hatten sie zu singen begonnen, laut, melodiös und freudig – ganz anders, als ich es bei einer Beerdigung erwartet hätte.

Die Nachwirkung des Schocks über die Szene an der Tankstelle saß mir in den schlaffen und zitternden Knochen und ich spürte die ganze Last meiner schwarzen Haut. Mehr als einmal im Leben hatte ich mir gewünscht, kein schwarzes Blut zu haben, doch danach hatte ich mich immer sofort schuldig gefühlt, als hätte ich an meiner Mutter Verrat begangen. Nach der Beschäftigung mit Pawpines Geschichte hatte ich angefangen, stolz darauf zu sein, ein bisschen wenigstens erst mal, dass ich mit der Generation von Frauen und Kindern und Männern verbunden war, die als Sklaven die Farmen und Plantagen des Südens aufgebaut hatten und dann nach Norden und Westen gewandert waren, um Flugzeuge, Autos, Maschinen und Straßen zu bauen. Jetzt wurde ich daran erinnert, dass man sich nirgends verstecken konnte.

Die Musik in der Kirche wurde leiser und erstarb und das Singen der Vögel wurde hörbar. Kurz darauf ergoss sich eine Prozession aus der Kirchentür über die Stufen. Der Sarg schwebte über den Trauergästen wie ein Blatt auf dem Strom. Die Beisetzung auf dem Friedhof folgte in gemessenem Tempo. Weiße Taschentücher blitzten in der Sonne auf und es wurde damit gewunken.

Nachdem er angehalten und mit ein paar Leuten geredet hatte, kam Lucas langsam auf mich zugehinkt. Die kleine Gesellschaft hinter ihm löste sich auf und ging zu den Autos. Ich stieg aus und öffnete die Tür für ihn, ging um den Wagen und stieg wieder ein. Lucas saß einen Moment da, ohne ein Wort zu sagen. Um uns herum wurden die Motoren angelassen und die Trauernden fuhren davon.

»Nun, das war's«, murmelte Lucas. »Der alte Ray ist unter der Erde. Jetzt ist er frei. Fahren wir, Mike.«

9

Das Picknick fand daheim bei der Witwe von Ray statt, einem Haus, das dem von Lucas ziemlich ähnlich war und das an einer abgelegenen Straße am Mississippi lag. Allerdings hatte es einen viel größeren Garten. Mrs James saß in einem Schaukelstuhl auf der Veranda und begrüßte die ankommenden Gäste. Lucas redete eine Weile mit ihr, dann rief er mich herbei, um mich vorzustellen. Sie war eine große, patent wirkende Frau, die in dem schwarzen Kleid einen sehr förmlichen Eindruck machte. Ihr Händedruck war fest. »Herzlich willkommen in unserem Haus, Mike«, sagte sie.

Ich wand mich innerlich, als ich meinen falschen Namen hörte. »Vielen Dank, dass ich dabei sein darf, Mrs James«, sagte ich.

»Geht nur da hinüber, ihr zwei, und holt euch etwas zu essen.«

Neben dem hölzernen Haus brach eine aufgebockte Tischplatte fast unter der Last von Speisen zusammen, die für die rund zwei Dutzend Gäste drei- oder viermal gereicht hätten – Platten mit goldbraun gebratenen Hähnchen, riesige Schalen mit sahnigem Kartoffelsalat und Rohkost, Schüsseln mit Reis und Bohnen, jede Menge Kuchen, Pasteten und Torten, dazu eine längliche Metallschale mit geschnetzeltem Fleisch, das so würzig roch, dass einem das Wasser im Mund zusammenlief. Wannen mit zerstoßenem Eis an den beiden Enden des Tisches enthielten Bier und Limonade.

»Was ist das?«, fragte ich Lucas und deutete auf das Fleisch.

»Na, ein Barbecue«, sagte er. »Hol dir was. Kannst doch nicht nach *Oh-hei-juh* zurück, ohne ein richtiges Barbecue versucht zu haben.

Mit übervoll beladenen Tellern suchten wir uns Plätze im Schatten und fingen zu essen an. Kleine weiße Schmetterlinge tanzten im langen Gras um uns herum und ein Stück weiter spielten ein paar Kinder Fangen. Es war das erste Mal in meinem Leben, dass ich bei einem gesellschaftlichen Ereignis war, wo jeder schwarz war. Die Leute saßen und standen auf der Veranda herum. Die Männer hatten die Jacketts abgelegt und die Ärmel bis zu den Ellbogen aufgerollt. Die Frauen hatten die Hüte abgesetzt und fächelten sich beim Reden und Essen mit ihren Taschentüchern Luft zu. Immer wenn jemand an uns vorbeikam, stellte Lucas mich vor. Das ständige Aufstehen und Hinsetzen war das reinste Training und ich sah viele grinsen, wenn Lucas mein blaues Auge erklärte. Es machte ihm offensichtlich Spaß, die Geschichte zu erzählen, und jedes Mal fügte er ein neues Detail hinzu und machte den Vorfall etwas dramatischer.

»Da drüben sind meine beiden Neffen«, sagte Lucas und deutete mit dem Kinn auf zwei langbeinige, athletisch wirkende Männer, die ungefähr so alt waren wie Dad. »Ned und Cal. Cal ist derjenige mit dem schlimmen Arm.«

Der linke Arm des größeren der beiden Männer war kürzer als der rechte und hing schlaff und nutzlos an der Seite herunter. Er war so verdreht, dass er mit dem Handrücken zum Schenkel lag. Cal und sein Bruder ließen sich an einem Kartentisch nieder und legten Besteck und Papierservietten aus.

»Und das sind ihre Frauen, Rose und Sharon«, fügte Lucas hinzu und tupfte seinen Teller mit einem Rest Brötchen sauber.

Sharon war die umfangreichste Frau, die ich je gesehen hatte. Ihre riesigen Hinterbacken hoben und senkten sich bei jedem Schritt wie Kolben. Rose war auch dick, aber neben ihrer Schwägerin wirkte sie fast schlank. Jede von ihnen trug zwei Teller mit Essen und sie gingen zu ihren Männern.

Ich beobachtete die Vettern meiner Mutter. Cal lehnte sich nah an Rose heran und flüsterte ihr etwas ins Ohr. Sie machte ein finsteres Gesicht und stieß ihn mit dem Ellbogen an. Dabei schlug sie ihm die Gabel aus der Hand und ein Happen Kartoffelsalat landete auf seinem Hemd. Sharon stieß ein Gelächter aus, dann schlug sie die Hand auf den Mund. Ned lächelte und schüttelte den Kopf wie ein Lehrer.

»Was war mit Cals Arm?«, fragte ich Lucas.

Er nagte das letzte Bisschen Fleisch von einem Hühnerknochen und ließ diesen auf den Teller fallen. Als er antwortete, hatte seine Stimme einen bitteren Ton. »Als Cal und Ned jung waren, jünger als du jetzt, so um die zwölf, denke ich, da waren sie richtig militant. Waren in der Bürgerrechtsbewegung aktiv, damals in den Sechzigern. Es war in Selma, da arbeitete sich Cal in die erste Reihe einer Demonstration vor. Er wurde von einem Polizeihund attackiert. Hat seinen Arm richtig schlimm zerbissen, ehe es dem Bullen gelang, das Tier unter Kontrolle zu bekommen. Hat es wahrscheinlich nicht so eilig gehabt, der Bulle. Cal ist fast verblutet.«

»Kaum vorstellbar, dass sie Hunde auf Menschen losgelassen haben, was?«

»Richtig. Und Wasserwerfer und Schlagstöcke. Mitten am Tag, vor den Fernsehkameras und den Reportern. Nach Einbruch der Dunkelheit wurden sogar Knarren und Granaten eingesetzt. Hast wahrscheinlich in der Schule darüber gelernt.«

»Ja, ein bisschen.« Die amerikanische Bürgerrechtsbewegung war in Kanada nicht gerade ein wichtiger Lehrstoff, schon gar nicht in Fergus.

»Ja, das waren schlimme Zeiten«, fuhr er kopfschüttelnd fort. »Zwischen diesen Ereignissen und dem Vietnamkrieg ist eine Menge Blut geflossen. Viele Jungs aus dieser Gegend sind keine Dreißig geworden.«

Lucas stellte den leeren Teller ins Gras und trank seinen Tee aus. Ich hatte meine Mahlzeit beendet. Ich schwieg, weil ich den Strom seiner Gedanken nicht unterbrechen wollte.

»Haben erst hier unseren eigenen Krieg geführt, gegen die Gesetze der Weißen – Mississippi war der schlimmste Staat, wenn man schwarz war –, und dann den Krieg der Weißen in Vietnam. Beide verloren.«

Lucas zog seine Pfeife aus seiner Hemdtasche hervor und einen Tabaksbeutel aus der Hose. Er fing an, sich die Pfeife zu stopfen. Die meisten der Gäste waren mit dem Essen fertig. Ein paar Frauen und Männer gingen herum und sammelten auf Tabletts die Pappteller ein. Die Vettern meiner Mutter spielten Karten. Cal konnte einhändig austeilen.

Während Lucas seine Pfeife mit einem Streichholz anzündete, fragte ich ihn: »Haben Cal und Ned auch im Krieg gekämpft? Im Vietnamkrieg, meine ich?«

»Nein, sie waren zu jung.«

»Und Sie?«

Lucas nahm die Pfeife aus dem Mund und spuckte ins Gras. »Nein. Ich wurde ungefähr zu dem Zeitpunkt eingezogen, als der Krieg zu Ende ging, aber ich habe den Kriegsdienst verweigert. Weißt du, Ray und ich, wir haben uns unser Leben lang gekannt. Das war wirklich das Einzigste, worüber wir jemals gestritten haben. Er sagte, wir sollten für unser Land kämpfen. Ich sagte, ich fahr doch nicht in ein kleines asiatisches Land und erschieß Leute, mit denen ich gar keinen Streit habe. Kein Zufall, dass diese Asiaten nicht weiß waren, Mike. Kein Zufall.«

Er stieß ein Lachen aus, dünn und beißend wie Essig. »Keine Freiheit hier in Mississippi, nicht, wenn man schwarz war. Die Weißen haben uns unterdrückt – tun sie immer noch – und gleichzeitig haben sie uns nach Vietnam geschickt, um für ›die Freiheit zu kämpfen‹ – so nannten sie es. Aber nicht Lucas Straight. Bin lieber ins Gefängnis gewandert. Dort hab ich mir die Verletzung am Bein geholt, hab mir einen schlimmen Bruch zugezogen bei einem Arbeitseinsatz. Nicht, dass ich einen Krieg aus gerechtfertigtem Anlass nicht eingesehen hätte. Wenn wir die Weißen bekämpft hätten, zum Beispiel. Ja, die Weißen sind Schweine, Mike, jeder verdammte Einzelne von ihnen.«

»Wie dem auch sei«, sagte er mit einer wegwerfenden Handbewegung, die klar machte, dass das Thema damit für ihn erledigt war, »das ist eine Ewigkeit her, und das hier ist weder Ort noch Stunde, um darüber zu reden. Wenn es dir nichts ausmacht, ich hätte gern noch einen Schluck Tee. Ist das heiß heute.«

Mein Essen lag mir auf einmal schwer im Magen. Ich nahm das Glas von Lucas zu dem aufgebockten Tisch mit, der jetzt so aussah, als sei ein Wirbelsturm über ihn weggefegt. Die Platten waren leer, die Schüsseln sauber ausgekratzt. Ich fand einen beschlagenen Krug mit Tee und füllte das Glas.

Ich bin nicht sicher, wann es mir zu dämmern angefangen hatte, aber als Lucas schließlich zu reden aufhörte, war mir klar, dass ich – obwohl ich ihn erst anderthalb Tage kannte – die Antwort auf das Familiengeheimnis gefunden hatte.

Mein Großvater hasste die Weißen und meine Mutter hatte einen von ihnen geheiratet.

Der Nachmittag zog sich hin, die Schatten krochen zentimeterweise über den Boden, ein paar Whiskyflaschen tauchten auf und Rufe nach Musik wurden laut. Kurz danach saßen Cal, Ned und ein anderer Mann zusammen mit einer hoch gewachsenen, gut aussehenden Frau, deren goldene Ohrringe mich an die von Mom erinnerten, auf Küchenstühlen auf der Veranda. Cal hatte eine Mundharmonika.

Ned packte ein Banjo aus, die anderen beiden stimmten akustische Gitarren. Schon bald war die heiße Sommerluft erfüllt von Musik, die mir so vertraut war wie mein Name – traditioneller Blues. Bei einigen der Melodien fielen die Gäste in das einsame Klagen der Mundharmonika ein. Neds Finger huschten über die Banjosaiten. Die Gitarrenspieler waren fast genauso gut. Selbst Lucas sang in seinem tiefen, harschen Bass mit – er konnte anscheinend ohne Mühe die zweite Stimme singen. Wenn ich ein Lied kannte, sang ich ebenfalls murmelnd mit, aber ich war nicht bei der Sache. Meine Gedanken schweiften.

Wenn ich meinen Grips angestrengt hätte und mir die Sache lange genug überlegt hätte, wäre ich wohl selbst auf die Lösung des Familiengeheimnisses gekommen, und nach außen hin erscheint es vielleicht seltsam, dass es nicht so war. Familiäre Streitigkeiten und Trennungen gab es ja dauernd und aus allen möglichen Gründen. Aber es war für mich einfach immer eine Tatsache gewesen, eine schwarze Mutter und einen weißen Vater zu haben und über den mütterlichen Zweig der Familie nichts zu wissen. Abgesehen davon wäre es mir nie im Traum eingefallen, dass jemand meinen Vater nicht leiden konnte. Alle mochten ihn. Und warum auch nicht? Er war ein super Typ.

Aber jetzt wusste ich, dass mein Großvater ihn so sehr hasste, dass er sich für immer von seiner Tochter losgesagt hatte. In Lucas Straights Augen war Etta zum Feind übergelaufen, und der Mann, der so willensstark gewesen war, lieber ins Gefängnis zu gehen, als in einem scheinheiligen Krieg zu kämpfen, hatte sie verstoßen.

Das Quartett auf der Veranda hatte mit Singen aufgehört. Einer nach dem anderen schlug nun ein Lied vor, stand auf und sang erst ein Solo, bis dann die anderen, die verstreut auf dem Rasen saßen, einfielen.

Ich erkannte, dass es nutzlos sein würde, Lucas meine wahre Identität zu enthüllen. Ich würde ihn nie wiedersehen. Ich war mir nicht sicher, ob ich das überhaupt wollte. Ich hatte Mom die Schuld gegeben, dass die Verbindung zu meinen afrikanischen Wurzeln abgeschnitten war, aber jetzt kannte ich die Wahrheit. Morgen würde ich in aller Frühe aufbrechen und die Akte Lucas Straight schließen.

»Mike!«, dröhnte eine Stimme durch den Garten. »Du bist dran, Junge!«

»Und versuch bloß nicht, dein Veilchen als Ausrede zu benutzen«, sagte Sharon lachend. »Du musst dir deine Mahlzeit hier ersingen!«

Wie üblich, wenn ich plötzlich im Mittelpunkt des Interesses stand, spürte ich, wie es mir heiß über Nacken und Gesicht lief. Am liebsten hätte ich mich über den Rasen verdrückt.

»Na los, Mike«, sagte Lucas. Ein Lächeln erhellte sein Gesicht und die Haut in seinen Augenwinkeln bildete Fältchen. »Sing uns ein Lied.«

Ich stand auf. Mein Unmut siegte über meine Verlegenheit. Ich ließ den Blick über die Gesichter gleiten, die mich erwartungsvoll ansahen. Ein paar von den Leuten hier waren mit mir verwandt und der Mann neben mir hatte mich von ihnen fern gehalten.

»Ähm, ich weiß nicht, ob jemand von euch das hier kennt«, sagte ich zögernd. Ich räusperte mich und ließ mir eilig den Text durch den Kopf gehen. »Es heißt ›South on 61‹.«

Dann drehte ich mich um und sah Lucas an. »Meine Mutter hat es geschrieben.«

Lucas nickte und stützte sich auf den Stock zwischen seinen Knien. Ich versuchte mir ins Gedächtnis zu rufen, was Mom mir über Vorsingen vor Publikum beigebracht hatte – nicht, dass ich es je vorgehabt hätte –, wie man atmen sollte, wie man die Worte aus dem Zwerchfell hervorholen sollte. Einen Augenblick lang wünschte ich mir, ich hätte Musikstunden genommen, wie sie es immer so gerne gewollt hatte. Ich summte einen Augenblick vor mich hin, um den Anfangston zu treffen. Dann fing ich an.

Well, I'm headin' south on 61,
I'm going home again,
Back to where I came from,
Back to all the pain.
My leavin' was so desperate,
My comin' home's the same.

> *Auf der 61 südwärts*
> *Kehr ich wieder heim,*
> *Dorthin, woher ich stamme,*
> *Zurück zu all dem Schmerz.*
> *Verzweifelt ging ich fort,*
> *Verzweifelt komm ich heim.*

Cotton broke my daddy's back
It broke his daddy's too,
But Chicago's long assembly lines
Are silent as a tomb.
They drove him back down 61
With nothin' but the blues.

> *Die Baumwollfelder zermürbten*
> *Meinen Dad und seinen davor,*
> *Und die Fließbänder in Chicago*
> *Gaben ihm schließlich den Rest.*
> *Es trieb ihn wieder nach Süden –*
> *Nichts blieb ihm, nur der Blues.*

Die Frau mit der Gitarre nahm meine Melodie auf und Ned hatte auf dem Banjo die Begleitstimme gefunden. Die zweite Gitarre hatte in Zeile vier von Strophe zwei eingesetzt und bildete einen tiefen Kontrapunkt zum Banjo. Cal wartete bis zum Anfang von Strophe drei, dann verfiel er auf eine traurige, wie aus der Ferne kommende Melodie auf der Mundharmonika.

129

Oh, Mama, why'd you leave me?
Why you been gone so long?
It's now that I most need you
To say where I belong.
I'm headin' back down 61
With nothin' but this song.

> *Oh, Ma, warum bist du gegangen?*
> *Warum bliebst du so lange fort?*
> *Jetzt brauch ich dich so dringend,*
> *Will wissen, wohin ich gehör.*
> *Auf der 61 südwärts*
> *Hab ich nichts als dieses Lied.*

Ol' 61, she led us north
To jobs, prosperity,
And gave us frozen ghettos
And a live of misery.
She runs in two directions,
And neither one is free.

> *Sie führte uns einst nach Norden,*
> *Wo's Jobs und Wohlstand gab,*
> *Doch auch die Kälte der Ghettos*
> *Und ein Leben ohne Sinn.*
> *Sie führt nach Norden und Süden*
> *Und nirgendwo bist du frei.*

I'm headin' back down 61,
I'm goin' home again.
My leavin' was so desperate,
My comin' home's the same.

> *Auf der 61 südwärts,*
> *Kehr ich wieder heim.*
> *Verzweifelt sucht' ich mein Glück,*
> *Verzweifelt komm ich zurück.*

10

Es war lange nach Einbruch der Dunkelheit, als ich in der Einfahrt von Lucas parkte. Kaum erstarb der Motorenlärm, da sprangen uns die Geräusche aus der feuchten Düsternis entgegen und der Mond warf einen breiten Silberstreifen über den Bayou und sprenkelte sanftes, bläuliches Licht über den Vorgarten.

Den ganzen Heimweg über hatte er von dem Lied geschwärmt und mein Singen gelobt. Ich hatte höfliche Laute von mir gegeben, ließ ihn merken, dass ich keine Lust hatte zu reden.

»Lass mich lieber vorausgehen und Licht anmachen«, sagte Lucas.

Drinnen streifte er umständlich die Anzugjacke ab und hängte sie über einen Küchenstuhl. »Ich mach mir ein bisschen Milch warm und nehm sie mit ans Bett«, sagte er. »Willst du auch welche?«

»Nein, danke, Mr Straight.«

»Ich kann damit besser einschlafen«, fügte er hinzu und nahm einen Topf aus dem Schrank. Er schenkte etwas Milch ein und zündete den Gasbrenner an. »Ich geh heute Nacht nicht fischen, aber du kannst dein Glück gerne versuchen.«

Da ich wusste, ich würde stundenlang nicht einschlafen können, nahm ich sein Angebot an.

»Gut«, sagte er aufmunternd. »Sie beißen zwar meistens nicht so gut an, wenn der Mond aufs Wasser scheint, aber wer weiß.« Er stellte das Gas ab und goss die Milch in einen Becher. »Der Schalter für die Nachtbeleuchtung ist direkt am Anleger. Wo das Angelzeug ist, weißt du. In der Tonne sind bestimmt noch eine Menge Elritzen.«

»Okay, super.«

»Also, gute Nacht, Mike.«

»Nacht, Mr Straight. Ähm, ich fahr morgen wahrscheinlich ganz früh los, Sie brauchen mir also kein Frühstück zu machen.«

»Das Wenigste, was ich für so einen guten Blues-Sänger tun kann, ist es doch, einen Schluck Kaffee zu machen«, sagte er. »Und für einen alten Angelfreund.«

Er humpelte durch den Flur und verschwand in seinem Zimmer. Ich legte zwei Leinen aus und saß in dem Gartenstuhl am Ende des Stegs, umgeben von lauter Geräuschen – dem Quaken und Platschen von Fröschen, dem Zirpen von Zikaden, dem Sirren von Moskitos. Eine Brise wehte den Bayou herauf, kräuselte das Wasser und ließ die Schwimmer hüpfen.

Ich versuchte mit aller Gewalt, meinen Großvater nicht zu mögen, allerdings ohne großen Erfolg. Er machte einen sympathischen Eindruck, wie jemand, der zu seinen Freunden stand und nett zu einem Fremden war. Aber sein Hass auf die Weißen saß tief, und dass er meine Mutter und meinen Vater ablehnte, konnte ich nicht hinnehmen – oder entschuldigen. Wie konnten so heftiger Hass und so selbstverständliche Freundlichkeit in demselben Mann zusammenkommen?

Ich angelte noch lange, nachdem der Mond untergegangen war. Ein paar kleine Fische, die ich fing, warf ich aber wieder zurück. Ich hatte keine Lust, sie für ihn aufzuheben.

Um acht wachte ich auf, zog meine Sachen an und tappte durch den Flur in die Küche. Ein Topf mit Kaffee köchelte auf dem Herd. Lucas war nirgends zu sehen.

Gut, dachte ich. Dann ging ich zurück ins Schlafzimmer, machte das Bett und packte meine Sachen. Ehe ich das Haus endgültig verließ, legte ich die Kopie von meinem Pawpine-Bericht neben das Buch meines Großvaters auf den Wohnzimmertisch. Ich hatte sie am Abend zuvor aus dem Wagen geholt. Dann hob ich meine Tasche auf die Schulter. Die Tür mit dem Fliegengitter fiel hinter mir zu.

Lucas stand in einem fleckigen Sweatshirt, weiten Jeans und Gummistiefeln mit einem Gartenschlauch in der einen und einem großen Schwamm in der anderen Hand neben dem Toyota. Die Seite des Wagens blinkte in der Morgensonne. Dreck und Staub waren abgewaschen. Er drehte sich um, nickte, ging ans hintere Ende und richtete den Strahl auf den Wagen. Gleichzeitig wischte er mit dem Schwamm und wusch den Schmutz ab.

Ich öffnete die Fahrertür und warf mein Zeug in die Kabine. Meine Thermoskanne lag auf dem Sitz. Ich nahm den Deckel ab. Heißer Kaffeeduft kam mir entgegen.

»Vielen Dank für den Kaffee«, sagte ich unwillig und ging nach hinten.

Lucas stand wie angewurzelt da. Die Hände hingen ihm an den Seiten herunter und das Wasser strömte ihm über die Stiefelspitze, ohne dass er es merkte. Er starrte auf das saubere weiße Nummernschild mit blauen Zahlen und Buchstaben und dem Wort *Ontario* darüber.

»Scheiße«, flüsterte ich.

Er sah zu mir auf. Seine Gesichtsmuskeln bewegten sich unter der Haut.

Sein Flüstern war harsch wie ein Reibeisen. »Wer bist du?«

Es war vorbei. Ich holte tief Luft.

»Mein Name ist Matthew Lane«, sagte ich zu ihm. »Ich bin dein Enkel.«

Einen Moment lang wurden seine Augen groß wie Untertassen, dann runzelte er die schweißbedeckte Stirn. Sein Kinn zitterte und er wandte den Kopf ab und sah über den Bayou. Er schluckte.

»Ich wusste nicht, dass Etta einen Jungen hat«, murmelte er. Sein Blick fiel auf den nassen Boden zu seinen Füßen. »Matthew. Das war der Name von meinem Vater. Ich wusste nicht, dass ich einen Enkel habe.«

»Du hast auch keinen«, sagte ich.

Meine Worte trafen ihn wie ein Keulenschlag und er zuckte zurück. Ohne ein weiteres Wort ließ er Schwamm und Schlauch fallen und humpelte langsam und steif zum Haus. Ohne sich umzudrehen ging er hinein.

Ich stellte das Wasser ab, kletterte in den Wagen und fuhr davon.

11

Beim Planen meiner Reise hatte ich eigentlich vorgehabt, auf dem Heimweg den Highway 61 nach Memphis zu nehmen, einfach damit ich Mom erzählen konnte, ich sei dort gewesen, aber die Lage hatte sich geändert. Ich wollte nichts als den Wagen nach Norden ausrichten und so direkt wie möglich nach Fergus fahren. Nachdem ich am Rand von Natchez noch mal angehalten hatte, um das vordere Nummernschild anzubringen, fuhr ich deshalb auf den Trace zurück – nicht die schnellste Strecke, aber ich kannte mich wenigstens aus. In Nashville nahm ich die Interstate und blieb von nun an auf den großen Autobahnen. Die Heimfahrt war deprimierend und lang und es war dunkel, als ich in unsere Auffahrt bog. Ich war erschöpft und so ausgepumpt wie ein leerer Tank, aber mein Verstand funktionierte noch. Als Erstes löschte ich meine falsche Ansage von unserem Anrufbeantworter, dann rief ich meine Eltern in Montreal an. Mom klang genauso müde, wie ich mich fühlte, und sie sagte, sie freue sich schon, wieder nach Hause zu kommen. Ich unterdrückte das Bedürfnis, ihr zu erzählen, wo ich gewesen war, ihr zu sagen, wie Leid es mir tat, dass ich ihr so lange etwas Falsches unterstellt hatte. Wenn ich das getan hätte, hätte sie sich nur aufgeregt. Ich legte auf und nahm mir fest vor, es wieder bei ihr gut zu machen.

Dann rief ich meine Großeltern an und sagte so fröhlich wie möglich, die Telefonanlage sei wieder in Ordnung.

»Wurde ja auch Zeit«, sagte Grandpa.

Es war ein gutes Gefühl, wieder daheim zu sein. Ich spazierte durchs Haus, knipste in jedem Zimmer das Licht an und wurde jedes Mal von welkenden Pflanzen begrüßt, die vorwurfsvoll die Blätter hängen ließen. Ich öffnete ein paar Fenster, um die abgestandene Luft rauszulassen. Dann wanderte ich ein Dutzend Mal mit Moms Lieblingsgießkanne aus gehämmertem Messing zwischen Wasserhahn und Pflanzen hin und her.

Ich holte die Sachen aus dem Wagen. Beim Anblick der zerbeulten Blechteile zuckte ich zusammen. Schließlich warf ich all meine Klamotten in die Waschmaschine, ehe ich heiß duschte. Ich zog Boxershorts und ein Sweatshirt an, schlüpfte in Badelatschen und ging zur Straße, um die Post zu holen. Die Werbebroschüren warf ich in die Altpapierkiste, den Rest stapelte ich auf dem Tisch in der Diele auf. Der Stapel mit Umschlägen erinnerte mich daran, dass meine Examensergebnisse bald eintreffen müssten. Ich hatte mein Bestes getan, um meine Noten zu retten, und ich war ziemlich sicher, dass ich insgesamt bestanden hatte, obwohl die einzelnen Noten meine Eltern nicht gerade vor Stolz platzen lassen würden und sie mir deshalb auf der Stelle ein neues Auto kaufen würden. Nur in Geschichte hatte ich vielleicht nicht bestanden. Das hing davon ab, ob Miss Song meinen Pawpine-Bericht mochte.

Selbst wenn sie mich hatte bestehen lassen, stand es immer noch auf Messers Schneide, ob ich eine Universitätszulassung bekommen würde. Ich hatte mich bei drei Unis beworben, von keiner jedoch bisher eine provisorische Zulassung erhalten. Die zwei Wochen im Juni waren ganz schön hart gewesen, als die anderen Schüler ihre Zusage erhalten hatten. Sie stolzierten herum und taten so, als seien sie überrascht, und brabbelten aufgeregt über Kurse und Studiengebühren und Clubs. Ich würde bis zum Ende des Sommers warten müssen. Warten und hoffen.

Ich riss eine Tonicdose auf. In meinem Zimmer holte ich Pawpines weiße Riemen und das Halseisen aus meiner Kommode und betrachtete beides. Ich wünschte, ich hätte sein Gold noch, aber wahrscheinlich war es bereits eingeschmolzen. Was der Juwelier wohl daraus gemacht hatte? Einen Ring vielleicht, oder die Fassung für einen Edelstein in einem Anhänger oder einer Brosche. Vielleicht wurde es in diesem Moment schon von einer Frau getragen. Das Gold mit seiner gesamten Geschichte schmiegte sich auf einer langweiligen Feier in einer langweiligen Stadt an unwissende weiße Haut. Aber das ging mich nichts mehr an.

In jeder Hand hielt ich einen der Riemen. Wieder wurde ich überwältigt von Mitleid, Bewunderung und Zuneigung für den Mann, der sein Leben gegen seinen Willen in einer fremden Welt verbracht hatte. Pawpines Leben hatte mich darauf gebracht, in den Süden zu fahren und nach meinen Wurzeln zu suchen. Sein Gold hatte es mir ermöglicht. Egal wie sehr mich meine Eltern dafür bestrafen würden, ich würde es niemals bereuen.

Jetzt wusste ich, warum sich Mom von ihrer Familie fern gehalten hatte. Und ich wusste, dass ich der falschen Person Vorwürfe gemacht hatte. Meine Mutter und mein Vater lebten füreinander. Auch wenn sie meine Eltern waren, wusste ich, dass ihre Liebe wie Gold war und dass Lucas' Hass wie der Schlick war, der den Bayou hinter seinem Haus versanden ließ. Niemals würde meine Mutter jemanden akzeptieren, der meinen Vater hasste, nicht mal ihren eigenen Vater. Man hatte sie gezwungen, eine Wahl zu treffen, und obwohl ich nur so kurz bei meinem Großvater gewesen war, hatte ich doch eine Ahnung, wie schwer es ihr gefallen sein musste.

Ich nahm Pawpines Halseisen in die Hand. Gehasst zu werden, von seinem Zuhause vertrieben zu werden, das muss das Schlimmste auf der Welt sein.

TEIL VIER

1

Kaum dass unsere Uhr auf dem Kaminsims neun geschlagen hatte, nahm ich den Hörer auf. Nach dem achten Läuten hörte ich eine brummige Stimme.

»Juwelier Piffard.«

Ich war nachts aufgewacht und hatte einen sanften Regen niederrauschen hören. Während ich durch die dunklen Zimmer huschte und Fenster schloss, hatte sich eine verrückte Idee in meinem Kopf gebildet: Vielleicht hatte Piffard Pawpines Gold ja noch nicht verkauft. Vielleicht konnte ich es zurückkaufen.

»Äh, Mr Piffard«, stotterte ich.

»Am Apparat.«

»Hier spricht Matt Lane.«

»Ah ja?«

Er sagte das wie jemand, der keine Ahnung hatte, wer ich war, es aber nicht zugeben wollte.

»Ich hab Ihnen … Sie haben mir vor einer Weile ein Goldnugget abgekauft.«

»Ach, das. Ja, ich erinnere mich daran«, sagte er vorsichtig.

»Ich wollte nur mal fragen, ob sie es noch haben.«

»Warum?«

Ich konnte es nicht ausstehen, wenn Leute eine Frage mit einer Gegenfrage beantworteten. Warum war Piffard so auf der Hut? Man hätte meinen können, ich beschuldigte ihn, Rolex-Fälschungen verhökert zu haben.

»Ich möchte es gerne wissen«, sagte ich so höflich wie möglich.

»Ich hab's nicht mehr.«

»Aha«, sagte ich. »Können sie mir sagen, wo es ist?«

»Das ist leider nicht möglich.«

»Nein, was ich meine, ist: Haben Sie es eingeschmolzen, was daraus gemacht? Oder ist es noch in seinem ursprünglichen Zustand?«

Ich schwieg und hoffte verzweifelt, dass er mir sagen würde, das Nugget sei heil und ganz und würde irgendwo auf mich warten. Schnell sprach ich weiter: »Wenn es nämlich noch ganz ist, dann könnte ich es vielleicht von dem neuen Besitzer zurückkaufen.«

»Es ist weg. Tut mir Leid, mehr kann ich nicht sagen.«

»Aber …«

»Auf Wiedersehen.« Und er legte auf.

»Mist«, murmelte ich und warf den Hörer auf die Gabel.

Ich war jetzt schlechter dran als vor meinem Anruf. Wenn Piffard mir gesagt hätte, er habe eine Brosche aus dem Gold gemacht, dann hätte ich das so akzeptiert. Aber anzunehmen, dass das Nugget noch existierte, dass ich demjenigen, der es vielleicht gekauft hatte, ein Angebot machen könnte, machte mich verrückt.

Ich schwor mir, mich nie wieder auf halb ausgegorene Ideen einzulassen, die mir mitten in der Nacht einfielen, ging zur Hintertür hinaus, holte den Rasenmäher und den Trimmer aus der Garage und machte mich den ganzen Morgen rachedurstig über den Rasen her. In jedem Grashalm sah ich die zusammengekniffenen Augen und den stinkenden Zigarrenstummel von Piffard.

Nachdem ich geduscht hatte und etwas von dem ›gelben Tod‹ zu Mittag gegessen hatte, holte ich die Post rein. Es war ein Umschlag von der Schule dabei. Er war zwar an Herrn und Frau Lane adressiert, aber da er bestimmt meine Abschlussnoten enthielt, wie ich mir sagte, riss ich ihn auf. Dabei war ich selbst überrascht, wie ruhig ich blieb, als ich den Computer-Ausdruck auseinanderfaltete. Diese Linien und Quadrate, Fächerschlüssel, Durchschnitte und Mittelwerte und die fett gedruckten Abschlussnoten am rechten Rand würden über meine Zukunft entscheiden.

»Hurraaaa!«, heulte ich und warf die Post in die Luft.

Ich hatte alle Fächer bestanden. Drei mit C und eines mit B – Geschichte. ›Das Buch‹ hatte meinen Bericht anscheinend gemocht. Ich war frei!

Vielleicht.

Da ich in den Hauptfächern als Durchschnitt die Note C hatte, würden mir die Unis nicht gerade einen roten Teppich ausrollen … also *vielleicht*!

Einigermaßen erfreut und mit dem Gefühl, dem Henker entronnen zu sein, rannte ich hinaus, um den Wagen zu waschen und das Dach abzumontieren. Um viertel nach neun musste ich meine Eltern am Flughafen abholen. Als mein Blick auf die eingedellte Motorhaube und den zerbeulten Kotflügel fiel, verflog meine gute Laune wieder. Nun musste ich dem Henker doch gegenübertreten.

Ich stellte den Wagen so geschickt im Flughafenparkhaus ab, eng an eine Wand gedrückt, dass man nur die heile Seite sehen konnte, und kletterte aus der Fahrertür. Wie mit einem Stein im Magen nahm ich den Aufzug zum Abflugsterminal, irrte herum, bis ich feststellte, dass ich am falschen Ort war, und fuhr mit der Rolltreppe auf die Ankunftsebene. Im selben Moment kamen Mom und Dad aus dem Gate.

Wir begrüßten und umarmten uns. Nach ein paar Minuten von Hin und Her – Moms Gitarren mussten bei dem Schalter für übergroße Gepäckstücke abgeholt werden – machten wir uns zum Parkhaus auf. Ich sabbelte alle möglichen Willkommensphrasen, schnatterte von Moms Pflanzen und sogar vom Wetter. Den Elternfragen, womit ich denn meine Zeit zugebracht hätte während der letzten zehn Tage, wich ich aus. Ich merkte, wie Mom und Dad Blicke tauschten, die so viel heißen sollten wie: Wer ist eigentlich dieser sabbernde Idiot? Ich ging voraus. Wie ein pflichtbewusster Sohn schob ich den Gepäckkorb.

»Warum hast du denn so komisch geparkt?«, fragte Dad.

»Es war echt voll, als ich angekommen bin«, sagte ich. »Und übrigens, ich fahre. Ihr seht total fertig aus.«

»Nein, ich …«

»Ach, das hätte ich fast vergessen«, unterbrach ich ihn und zog mein zusammengefaltetes Zeugnis lässig aus der Hemdtasche und reichte es meiner Mutter.

Während sie in gemeinsame Erleichterungsrufe ausbrachen – hörte ich da einen Funken Überraschung in den Worten meines Vaters? – verstaute ich das Gepäck, schob den Kofferwagen beiseite und schlüpfte auf den Fahrersitz.

»Alle einsteigen!«, rief ich fröhlich. »Wir fahren!«

Mom stieg als erste ein. Sobald Dad die Tür zugeschlagen hatte, startete ich und fuhr über die Rampe. »Bitte schaut nicht auf die Motorhaube«, betete ich vor mich hin, während ich unter dem grellen Lichtkegel gelber Scheinwerfer anhielt und die Parkgebühr zahlte.

Die Fahrt nach Hause war die reinste Folter. Mir wurde ganz mulmig im Magen. Jedes Mal, wenn Mom oder Dad zu sprechen anfingen, erwartete ich, dass sie vor Wut und Verzweiflung losbrüllen würden. Aber keiner verlor auch nur ein Wort über das zerbeulte Blech vor der Windschutzscheibe. Stattdessen redeten meine Eltern über meine Noten. Obwohl sie mich nicht gerade beglückwünschten, wie ich es bei ihrer zurückhaltenden Art auch nicht anders erwartet hatte, schienen sie doch recht erfreut zu sein. Du hast es ganz gut gemacht, Matt, aber du hättest es besser machen können – die Art von Haltung, die einem die Freude nahm und sie durch Schuldgefühle ersetzte. Immerhin, das unspektakuläre Dokument hatte sie abgelenkt.

»Warum geht ihr nicht schon rein«, sagte ich, nachdem ich in der Auffahrt geparkt hatte. »Ich kümmere mich um das Gepäck.«

»Meine Güte«, sagte Mom, »hast du einen Benimmkurs gemacht, während wir weg waren?«

»Genau. Und mit A abgeschlossen.«

»Hm. Auf dem Zeugnis stand leider kein A.«

Mom ging auf die Haustür zu. Dad zerrte den größten Koffer von der Ladefläche.

»Morgen ist ja auch noch ein Tag«, sagte er. »Ich bin nämlich fertig.«

Ich hatte in jeder Hand einen Gitarrenkasten. »Hm?«

»Um zu erzählen, was mit dem Wagen passiert ist.«

2

»Also, passt mal auf. Ich gebe zu, dass ich euch angeschwindelt habe. Ich bekenne, dass ich für die Beulen im Wagen verantwortlich bin. Aber es tut mir *nicht* Leid, dass ich in Mississippi war, deshalb könnt ihr gleich zu meckern aufhören.«

Die drei Lanes saßen um den Küchentisch. Jeder von uns hatte einen längst erkalteten Hamburger vor sich. Mom hatte wie nach jeder Konzertreise ihre Rituale absolviert und jede einzelne Topfpflanze im Haus besucht, um sich über ihren Zustand zu vergewissern. Sie hatte die Wäsche gewaschen und im Garten an die Leine gehängt. Ihre Gitarren waren ausgepackt und frisch poliert.

Dads Gewohnheit war es, e-mails zu lesen und zu beantworten, die Post zu öffnen und Rechnungen zu überweisen und mit dem Staubsauger durch das Haus zu gehen. Der Morgen zog sich dahin, während ich auf das Fallbeil wartete.

Dad grillte Hamburger, während Mom sich beklagte, sie würden ihre Wäsche verstänkern, und weil die Sonne heiß vom Himmel brannte, deckte er in der Küche für das Mittagessen. Kaum hatte ich gesagt: »Kann ich bitte den Senf haben«, da stürzte er sich auf mich. Also erzählte ich ihnen alles.

»*Was* hast du getan?« Meine Mutter war explodiert, kaum dass sie das Wort Natchez gehört hatte, und je mehr ich rausrückte, desto mehr schäumte und wütete sie und schlug sich mit den Fäusten auf die Schenkel.

Den Zwischenfall mit den Bullen verschwieg ich, genauso wie die verlogene Tussie in dem Motel und die Proleten an der Tankstelle. Aber ich erzählte von dem Gewitter und der umgestürzten Eiche.

Ich erzählte, dass ich meinen Großvater kennen gelernt hatte, mit ihm geangelt hatte und mit ihm bei einem Leichenschmaus gewesen sei. Ich berichtete, warum ich zunächst so getan hatte, als sei ich jemand anderes, und wie ich entdeckt hatte, warum meine Mutter nichts mit ihm zu tun haben wollte. Ich erzählte genau, unter welchen Umständen ich Natchez verlassen hatte. Als ich geendet hatte, weinte sie laut und heftig.

Ich verspürte vor allem Erleichterung, nachdem ich meine Beichte losgeworden war, aber das war nicht das Einzige.

Dad hatte während der ganzen Zeit nichts gesagt. Er sah blass aus und sein Blick wich nicht vom Gesicht meiner Mutter.

»So hintergangen bin ich mir mein ganzes Leben noch nicht vorgekommen«, flüsterte sie und wischte sich die Augen mit der Serviette. »Und auch noch von meinem eigenen Sohn.«

Ihre Hände zitterten, als sie sich die Nase putzte. Sie holte Luft, wischte sich die Tränen aus dem Gesicht und räusperte sich.

Es mag seltsam klingen, aber wie sie sich so in ihren Kummer hineinsteigerte, tat sie mir unendlich Leid. Aber wie üblich konnte ich meine Gedanken nicht in Worte fassen. Es ist ein Unterschied, ob man etwas fühlt oder ob man es in die rechten Worte fassen kann, damit die Gefühle nicht unkontrolliert hervorbrechen, als wirrer Gedankenwust. Meine Antwort enthielt leider weder Mitgefühl noch Liebe, sondern klang nur aufgebracht.

»Mom, ich hab an niemand Verrat begangen. Du hast vor langer Zeit beschlossen, dass du deinen Vater nie wieder sehen wolltest. Okay. Aber du hast mir nie deine Gründe dafür mitgeteilt, stimmt's? Ich bin nicht du. Du hast nicht mehr das Recht, über mich zu bestimmen. Ich bin kein Kind mehr.«

»Matt«, mischte sich Dad zum ersten Mal ein. »Du musst verstehen, wie sich deine Mutter fühlt.«

»Verdammt noch mal!«, platzte es aus mir heraus und ich schlug auf den Tisch. Das Besteck hüpfte und schepperte. Meine Mutter zuckte zusammen. »Warum versteht zur Abwechslung nicht mal jemand, wie *ich* mich fühle?«

Und ich legte so richtig los, kam mit der alten Leier daher und spielte wieder das alte Lied. Dass sie mich von meinen Freunden getrennt und aus meiner gewohnten Umgebung gerissen und in ein Kuhnest gesteckt hätten. Dass sie mich wie einen Fünfjährigen behandelten und mich zwangen, praktisch jedes Mal um den Wagen zu betteln, dass ich sie immer um Geld angehen müsse, weil sie mir nicht erlaubten, einen Job anzunehmen – weil ich die ganze Zeit lernen sollte. Ich selbst durfte nichts entscheiden. Was ich tat, kümmerte keinen. Es sei denn, es ging schief. Dann kümmerte es sie.

In mir tobte ein Sturm aus lauter unterschiedlichen Windrichtungen. Ich hasste es, dass die Missbilligung meines Vaters auf mir lastete. Ich hasste es, dass der Schmerz meiner Mutter auf mir lastete. Ich hasste mich selbst, weil ich es nicht schaffte, dass sie stolz auf mich sein konnten.

Aber gleichzeitig wollte ich nicht mehr der abhängige Sohn sein, ein Kind, das sich danach sehnte, anerkennend getätschelt zu werden, ein Teenager, der mal wieder was ausgefressen hatte und nun auf das Urteil wartete. Ich wollte, dass sie mich als selbstständige Person anerkannten. Da ich wusste, dass ich nie erreichen würde, was sie beide erreicht hatten, dass ich ihnen nie ebenbürtig sein würde, wollte ich wenigstens wie ein Ebenbürtiger behandelt werden.

All diese Gefühle brannten und brodelten in mir, aber alles, was herauskam, war Ärger. Als ich schließlich Dampf abgelassen hatte und mir die Puste ausging, sagte meine Mutter etwas Merkwürdiges.

»Du warst immer auf Opposition.«

Das warf mich um. »Was war ich?«

»Du hast in der Schule nie Musik gewählt. Du hast dich geweigert.«

Sie saß mit gesenktem Kopf da und zwirbelte die feuchte Papierserviette zu Fetzen. Ich sah meinen Vater an. Langsam zog er die Augenbrauen hoch, als ob er erwartete, dass ich etwas sagte, als ob er glaubte, ich würde verstehen, was meine Mutter meinte.

»Bei deinem Talent«, fuhr sie mit bebender Stimme kaum hörbar fort. »Aber du hast nie Musik gewählt. Aus reinem Trotz.«

Auf einmal verstand ich, und die Erkenntnis war wie ein Schlag auf den Hinterkopf. Sie hatte angenommen, dass ich Musik deshalb nicht gewählt hatte, um sie zu treffen. Und jetzt dachte sie, meine Reise zu meinem Großvater sei aus dem gleichen Grund geschehen.

»Großer Gott, Mom ...«, stöhnte ich.

»Und fluch du nicht in diesem Haus, junger Mann. Du ...«

»Etta«, sagte Dad sanft. »Lass ihn ausreden.«

»Mom, als ich klein war«, brachte ich hervor, obwohl sich mein Herz zusammenzog vor Schmerz, »da wollte ich mehr als alles andere Musiker werden, genau wie du. Aber ich wusste, ich würde nie gut genug sein. Ich könnte nicht mal annähernd an dich rankommen. Immer würde ich in deinem Schatten stehen. Ich würde dich enttäuschen. Ich hab nicht aus Trotz die Musik links liegen lassen. Ich hab's gemacht, weil ich Angst hatte, es nicht zu schaffen.«

Jetzt sah sie mich an. Ein ungläubiger Ausdruck huschte über ihr erhitztes Gesicht.

»Aber du hast doch solches Tal...«

»Und meine Reise nach Natchez? Ich bin nicht hingefahren, um mich an dir zu rächen, Mom. Es war etwas, das ich einfach tun musste, für *mich*. Ich hab weder gewusst noch verstanden, warum du mich von deiner – von unserer – Familie fern gehalten hast.«

Ich hatte das Gefühl, als würden sich Wolken teilen und die Gedanken, die ich ausdrücken wollte, würden deutlicher.

»Verstehst du, Mom, ich hab immer das Gefühl gehabt, als sei dein Anteil an mir nicht so wichtig wie der von Dad. Ich bin immer stolz darauf gewesen, ein Jude zu sein, an unserer ganzen Geschichte und Tradition teilzuhaben. Das Gefühl hatte ich nicht in Bezug auf meine afrikanische Geschichte. Ich hab mich nie geschämt oder so – dafür habt ihr beiden Sorge getragen. Ich hab aber einfach keine Anhaltspunkte gehabt, keine Verbindung zu etwas. Die schwarze Haut war nicht genug. Ich wollte wissen, wo ich herkam, das ist alles. Jetzt weiß ich, warum du und dein Vater entzweit seid«, sagte ich mit Bitterkeit. »Er ist nicht besser als ein alter Rassist oder ein Skinhead.«

»Tut mir Leid, dass du das rausfinden musstest, Matt«, sagte meine Mutter.

»Aber das ist es doch gerade, Mom.« Ich war jetzt ganz ruhig. Aber ich wollte sicher sein, dass sie mich begriff. »Ich musste es selbst rausfinden. Und gleichzeitig habe ich gesehen, wo unsere Vorfahren herkommen und ich hab ein paar Leute aus der Familie kennen gelernt. Ich mag sie. Es sind nette Leute. Lucas fand ich auch nett …«

Moms Blick fuhr hoch, als ich meinen Großvater beim Vornamen nannte. Aber schließlich hatte ich ihn da unten so genannt und daher war es irgendwie in Ordnung.

»Anfangs wenigstens.«

Und in dem Moment klingelte es an der Haustür.

3

»Ich geh«, sagte Dad. Er war eindeutig verärgert über die Störung. Meine Mutter erhob sich langsam aus dem Stuhl, drehte den Hahn auf und spritzte sich Wasser ins Gesicht. Mit einem Geschirrtuch trocknete sie sich ab. Sie sammelte das Häufchen Papierfetzen vom Tisch, formte es zu einer Kugel und warf es in den Müll. Dann setzte sie sich wieder.

Ich holte mir ein Glas mit Wasser und stürzte es herunter wie ein Marathonläufer am Ende des Rennens. Hinter mir hörte ich die Stimme meines Vaters.

»Besuch für dich, Matt.«

Miss Song wirkte erschöpft und erhitzt, wie sie da unter der Küchentür stand. Sie trug ein unförmiges Kleid, das mit großen gelben Sonnenblumen bedruckt war, und rote Plastikslipper, und sie fächelte sich mit einem großen braunen Umschlag Luft zu. Ein paar Haarsträhnen klebten ihr an der nassen Stirn.

»Ach, hallo«, platzte ich heraus.

Dad stellte Miss Song meiner Mutter vor, die ihr ein Glas Limonade anbot, und wir versammelten uns alle um den Küchentisch:

Familie Lane, die gerade einen Familienstreit hinter sich hatte, und die Lehrerin des missratenen Sohns – Ex-Lehrerin, verbesserte ich mich, da ich die offizielle Abschlussprüfung ja hinter mir hatte. Der Besuch eines Lehrers bedeutete nie was Gutes.

Die drei Erwachsenen plauderten über das Wetter – sie stimmten alle überein, dass es wirklich heiß war und dass es noch heißer wirkte durch die Luftfeuchtigkeit –, und Miss Song erzählte Mom, dass sie alle drei CDs von ihr habe und besonders mag. Und ich wartete ungeduldig darauf, dass Song zur Sache kam. Meine Angst wuchs mit jedem dämlichen Satz, mit dem sie ihre Konversation ausdehnten. War Song vorbeigekommen, um mir zu sagen, dass die Geschichtsnote ein Versehen war und dass ich doch nicht bestanden hatte?

Schließlich wandte sich meine Lehrerin an mich. »Matt, ich habe die ganze Woche versucht, dich anzurufen, aber euer Telefon hat nicht funktioniert.«

Mein Vater warf mir einen vorwurfsvollen Blick zu.

»Und ich war so beschäftigt, dass ich früher nicht kommen konnte«, fuhr sie in der ihr eigenen, hektischen Art fort.

Mom warf mir einen Blick zu, der so viel hieß wie: Was hast du jetzt schon wieder angestellt? Ich zuckte mit den Schultern.

»Mr und Mrs Lane, wie Sie wissen, hat ihr Sohn einen Forschungsbericht zur Rettung seiner Geschichtsnote geschrieben. Der ist so gut ausgefallen, dass ich ihn der Historischen Gesellschaft vorgelegt habe – das Land um den Grand River und besonders die Gegend hier sind reich an Geschichte – na ja, eigentlich ist jede Gegend reich daran, was? –, und es muss aufregend für dich sein, dass du genau über dem Zuhause von Pierpoint wohnst, ganz zu schweigen davon, dass du bedeutende Überreste seiner Sachen in eurem Garten gefunden hast. Aber um auf den Anfang zurückzukommen – ich schweife immer ab, es macht meine Schüler wahnsinnig, stimmt's, Matt? Nein, du musst nicht darauf antworten .... Also, aufgrund des Berichts, der sehr gut geschrieben und sauber recherchiert ist, verleihen sie Matt, die Historische Gesellschaft, meine ich, einen Geschichtspreis – es handelt sich nur um hundert Dollar und eine kleine Plakette, aber es ist eine ziemliche Ehre – und eine Empfehlung, die doch ziemliches Gewicht hat, wenn ich das sagen darf, da sie Matts nicht so glorreiche Noten verbessert.« Als Miss Song schließlich Luft holte, waren meine Eltern völlig verwirrt. Ich auch, aber mir war so, als hätte ich das Wort *Preis* gehört.

»Miss Song«, sagte Mom, »leider hab ich nicht recht verstanden.«

»Oh, Verzeihung«, sagte meine Lehrerin verwirrt. »Ich habe mich vielleicht nicht sehr klar ausgedrückt, was? Matt hat einen Geschichtspreis gewonnen.«

»Forschungsbericht?« Allmählich begann auch Dad zu begreifen.

»Ich hab ihnen nichts davon erzählt, Miss Song«, erklärte ich.

»Warum um alles in der Welt nicht?«

Weil ich ziemlich sicher gewesen bin, dass ich es vermasseln würde, war ich versucht zu antworten. Und wenn das eingetreten wäre, dann hätte sich Matt der Dummkopf mal wieder bloßgestellt.

»Ich wollte, dass es eine Überraschung würde.«

»Na wunderbar«, murmelte Mom. »Noch eine Überraschung.«

»Ein Preis?« Dad hatte die nächste Tatsache begriffen.

»Ja.«

»Und mit diesem Dingsbums der Historischen Gesellschaft kommt er auf die Uni?«

»Könnte sein.«

Mom zog die Brauen hoch.

»Das heißt, falls er Geschichte studieren will.«

›Das Buch‹ lehnte sich zurück, legte die Hände im Schoß übereinander und lächelte. Sie war ihre frohe Botschaft losgeworden.

Dad sah mich an, als sei ich gerade in einem Clownskostüm und mit einer Traube von Ballons an Fäden durch die Tür geplatzt.

»Hast du das gehört, Etta?«

»Aber du hast bis jetzt noch keine Zulassung von einer Uni«, sagte Mom zu mir. Dann huschte ein Lächeln um ihre Mundwinkel. »Oder kommt da noch mehr?«

148

»Nein, Mom. Ich bin noch nicht zugelassen.«

»Matts Noten sind tatsächlich nicht so toll«, sagte Song zum zweiten Mal – überflüssigerweise, wie ich fand. »Aber wie ich schon sagte, die Historische Gesellschaft ist voller Leute, die an den Universitäten Einfluss besitzen. Vielleicht ist es zu hoch gegriffen, aber ... wir können doch hoffen.«

Ich hätte sie küssen mögen. Sie war entschlossen, den optimistischen Ton beizubehalten.

»Um was geht's denn in dem Forschungs-Paper?«, fragte Dad.

Song war schneller als ich. Sie klopfte auf den Umschlag. »Es ist hier drin, Mr Lane. Und es ist absolut erstklassig. Die Historische Gesellschaft weiß natürlich von Pierpoint – ich übrigens auch –, aber Matts methodisches Vorgehen ist für einen Highschool-Schüler ausgezeichnet. Ich wusste, dass er es schaffen würde. Aber erst die Dinge, die er in Ihrem Garten ausgegraben hat, haben den Funken gezündet.«

Diesmal starrten mich beide Eltern gleichzeitig an.

»Davon wollte ich euch auch noch erzählen«, sagte ich lahm.

Mom verdrehte die Augen und stieß einen theatralischen Seufzer aus. Dad lachte nur.

Miss Song rettete mich, indem sie aufsprang und den Stuhl entschlossen unter den Tisch schob. »Ich muss los«, verkündete sie. Und sie ging.

Jens Flugzeug aus Calgary kam am nächsten Tag. Sobald sie mich angerufen hatte, fuhr ich zu ihr, um sie abzuholen.

Es war seltsam. Wir waren so scheu, als hätten wir uns gerade erst kennen gelernt. Ich wusste, warum mir alles so fremd vorkam. So viel war geschehen, es erschien mir, als seien wir eine Ewigkeit getrennt gewesen. Aber ich konnte mir nicht erklären, warum sie so anders reagierte. Hatte sie in Calgary einen anderen Typen kennen gelernt?

Ich fuhr zu einem ruhigen Fleck am Fluss. Im hohen Gras im Schatten eines Ahorns breiteten wir eine Decke am Ufer aus. Das

Wasser, das in der Nachmittagssonne wie Messing blinkte, zog vorbei wie seit Tausenden von Jahren und ein Eisvogelpaar tauchte abwechselnd ins Wasser oder schoss über der Wasseroberfläche dahin.

Jen war so schön wie eh und je. Im Schatten nahm ihr dichtes, braunes Haar einen noch tieferen Ton an. Sie trug ein Trägerhemd und Shorts, was ihre Rundungen attraktiv betonte.

Eine Weile saßen wir schweigen da, dann drehte sie sich zu mir um.

»Hab ich dir gefehlt?«

»Und wie.«

»Beweis es.«

Ein paar Minuten später lösten wir uns voneinander und ich wusste, dass meine Befürchtungen bezüglich eines Cowboy-Lovers aus dem Westen unbegründet waren. Jen watete bis zu den Knien in den Fluss, weit genug, um von Sonnenlicht übergossen zu werden. Ich zog mein T-Shirt aus, rollte es zusammen und legte mich zurück, wobei ich das T-Shirt als Kopfkissen nahm.

»Ich hab was für dich«, sagte Jen. »Ein Geschenk.«

»Ein Mitbringsel aus Calgary?« Verdammt, dachte ich, ich hätte ihr was aus Mississippi mitbringen sollen.

»Nö. Von hier, aus dem schönen, langweiligen Fergus. Es ist in meinem Rucksack, in einer blauen Schachtel. Hol es raus.«

Ich setzte mich auf und stöberte in dem Rucksack herum, bis sich meine Hand um eine kleine Geschenkbox schloss. Ich hielt sie hoch.

»Mach sie schon auf, du Dödel.«

Ich nahm den Deckel ab und ließ ihn auf die Decke fallen, dann entfernte ich eine Schicht von weichem, weißem Seidenpapier. Was ich dann erblickte, nahm mir vollkommen den Atem.

Es war geputzt und poliert worden, sodass die Verunreinigungen besonders stark in dem weichen Goldschimmer hervortraten. Eine kleine Öse war kunstvoll angebracht worden, durch die eine Goldkette lief, damit ich es um den Hals tragen konnte.

Ich spürte, wie mir die Tränen in die Augen schossen und Pawpines Gold sah in meiner Handfläche auf einmal wie ein kleiner Mond aus. Ich hörte, wie Jen spritzend ans Ufer kam. Sie kniete sich neben mich und umarmte mich.

»Ich wusste, dass du fast gestorben bist, weil du dich davon trennen musstest«, murmelte sie. »Am Tag nach deiner Abreise hab ich Mr Piffard aus Calgary angerufen und ihn gebeten, es für dich zurückkaufen zu dürfen. Es war seine Idee, einen Anhänger daraus zu machen.«

Sie nahm das Nugget aus meiner Hand und öffnete den Verschluss der Kette. Dann legte sie mir die Kette um den Hals und schloss sie wieder. Mit den Fingerspitzen wischte sie mir die Tränen von den Wangen. Sie starrte das Goldnugget an, das wie eine Flintenkugel geformt war und auf der dunklen Haut meiner Brust lag.

»Wow, sieht das sexy aus«, flüsterte sie.

4

Die feuchte, lehmige Erde des Gartens fühlte sich unter meinen nackten Sohlen kühl an. Während meine Hacke auf und nieder schwang, hüpfte Pawpines Goldnugget auf meiner schweißbedeckten Brust hin und her. Dad hatte mir den Wink gegeben, dass es vielleicht angesagt sei, Moms Blumenbeete ein bisschen zu bearbeiten.

Als ich die Erde überall durchgehackt und angehäufelt und die gejäteten Unkräuter eingesammelt und auf den Komposthaufen geworfen hatte, lehnte ich die Hacke an die Garage und kreiste mit den Armen, um die Verspannung zwischen den Schulterblättern zu lockern. Mir fiel der Bulle ein, der mich hinten in den Streifenwagen gestoßen hatte, wobei ich mir die Schulterpartie gezerrt hatte. Ehe ich nach draußen in den Garten gegangen war, hatte Mom gesagt: »Wie wär's, zeigst du mir die Sachen, die du ausgegraben hast?«

Das war die erste Bemerkung, die sie seit Miss Songs Besuch über mein Schulprojekt fallen ließ, daher nahm ich an, sie hatte sich die

Geschichte durch den Kopf gehen lassen. Als ich nun in die kühle Küche trat, saß sie mit der Dokumentenkiste am Küchentisch. Die weißen Riemen und das Halseisen lagen daneben und sie hatte meinen Bericht in den Händen.

Sie stieß den Blätterstapel mit der Unterkante auf den Tisch, um einen ordentlichen Packen daraus zu machen. »Allmächtiger, da kommt ja der Feldsklave und will sicher was Kühles zu trinken«, sagte sie näselnd und gedehnt in der Sprechweise der Südstaatler. »Nicht schlecht, Mom, nicht schlecht.«

Ich riss eine Dose Tonic auf, lehnte mich an die Anrichte und stürzte die Hälfte des Inhalts in einem Zug runter.

»Dad hat gestern Abend was erwähnt, dass mich so wütend gemacht hat, dass ich fast kotzen musste.«

Für meine Mutter war das eine ziemlich heftige Ausdrucksweise.

»Wir haben über deine … Reise gesprochen, und weißt du, was er gesagt hat? Dass er stolz auf dich ist.«

Ich verschluckte mich an dem Rest Tonic und musste husten.

»Richtig«, sagte Mom, »genauso hab ich auch reagiert.« Sie legte den Bericht zur Seite und nahm Pawpines Halseisen und hielt es in den Händen. »Ich kann zwar nicht behaupten, dass ich ihm zustimme, aber ich glaube, ich verstehe jetzt.«

»Was ist zwischen dir und Lucas vorgefallen, Mom? Ich weiß, warum du mit ihm gebrochen hast, aber warum bist du nicht mit den anderen in Kontakt geblieben, mit Cal und Ned? Sie kommen mir ganz nett vor. Denken sie auch so wie Lucas?«

»Das glaube ich nicht. Aber ich bin in Chicago geboren und aufgewachsen. Meine Onkel und Tanten sind in Mississippi geblieben, daher hatte ich mit ihnen oder mit meinen Vettern und Cousinen keine nähere Verbindung, nicht mal an Weihnachten. Dein Großvater hat sich sowieso geweigert, es zu feiern. Ich hab die Familie meiner Mutter eigentlich nie kennen gelernt. Mutter war ein Einzelkind und ihre Eltern sind vor meiner Geburt gestorben. Dein Großvater war immer strikt gegen die weißen Teufel, wie er sie nannte. Du und ich, wir wissen, dass es viele Gründe für diese

Bitterkeit gab, aber er ist einfach zu weit gegangen. Als ich erwachsen war und mehr oder weniger unabhängig lebte, sah ich ihn nicht oft. Als ich dann deinen Vater kennen lernte und wir beschlossen, zusammenzubleiben, da hab ich deinen Großvater in Chicago angerufen und ihm erzählt, dass ich heiraten würde und vorhätte, in Kanada zu bleiben. Er hat mich über Dad ausgefragt, was er für einen Beruf habe und dergleichen, und schließlich sagte er: ›Etta, als ein Mädchen, das bald heiratet, solltest du aber glücklicher klingen.‹ Ich sagte: ›Daddy, ich bin unglücklich, weil ich Angst habe, dir was zu erzählen.‹« Mom lächelte und wurde etwas rot.

»Er nahm an, ich sei schwanger. Nachdem ich ihm das ausgeredet hatte, schwieg er eine ganze Weile, dann sagte er: ›Etta, sag, dass es nicht ist, was ich denke.‹ Ich sagte: ›Dad, das kann ich nicht.‹ Da wurde seine Stimme ganz leise und gemein. Er beschimpfte mich und sagte, wenn ich das tun würde, wäre ich nicht mehr seine Tochter. Ich erklärte ihm, er müsse Dad akzeptieren, sonst würde er die Tochter verlieren, ich würde Tom nicht aufgeben. ›Dann sei es so‹, sagte er und hängte auf.

Das waren die letzten Worte, die ich von ihm gehört habe. ›Dann sei es so.‹«

»Hasst du ihn, Mom?«

»Lange Zeit habe ich ihn gehasst. Jetzt denke ich gar nicht mehr an ihn. Er ist kein Teil mehr von meinem Leben. Ich habe es nie bereut, deinen Vater geheiratet zu haben, und werde es auch nie bereuen.«

Das Eisen klirrte auf der hölzernen Tischplatte, als sie es gedankenverloren niederlegte. Ich wusste, das war so ein Augenblick, da fing ihre Künstlerseele an, Assoziationen herzustellen, die sonst keiner nachvollziehen konnte.

»Weißt du, wenn du böse bist, dann kriegst du so einen Ausdruck, der mich an ihn erinnert.« Sie schüttelte den Kopf. »Ein ganz schöner Brocken, der Mann.«

Zuerst dachte ich, sie meinte meinen Vater.

5

»Hiermit erhebe ich mein Glas«, verkündete mein Vater. Er wirkte ein bisschen lächerlich, wie er da in einer Schürze mit dem Aufdruck ›NIEHDER MITT ANNALFABEETENTUHM‹ am Kopf des feierlich gedeckten Esstischs stand und ein Glas Sekt in der Hand hielt. Wir anderen waren dem Anlass entsprechend gekleidet. Mom trug ein langes, weites Leinenkleid und ihre üblichen Ringe in den Ohren. Jen hatte sich hübsch gemacht und trug einen kurzen Rock und eine Seidenbluse. Ich hatte eine lange Hose und ein weißes Hemd an. »Wehe, du kommst in abgeschnittenen Jeans und einem Sweatshirt zu unserer Examensfeier«, hatte Jen meinen Protest kommentiert.

Mitten auf dem Tisch standen zwei hohe Kerzen, die noch von Weihnachten beziehungsweise Chanukka übrig waren. Auf einem Holzbrett lag ein knuspriges Brathähnchen, das so gut duftete, dass einem das Wasser im Mund zusammenlief, außerdem eine Schüssel mit dampfend heißen Bratkartoffeln, Maiskolben, Erbsen, und für Jen, die in der vergangenen Woche beschlossen hatte, Vegetarierin zu werden, eine riesige Schüssel Salat.

»Auf unseren ehrenwerten Gast«, und Dad verneigte sich mit übertriebener Förmlichkeit, »Jen, Studentin der … äh …«

»Ökologie«, ergänzte Jen kichernd.

»Richtig, Studentin der Ökologie am Innis College der Universität von Toronto. Auf dass du der Schrecken aller umweltverschmutzenden Firmen und Gemeinschaften im Lande wirst!«

Wir – Dad, Mom, Jen und ich – nippten an dem perlenden Zeug. Wein war in unserem Haus eine Seltenheit, aber der heutige Tag sollte etwas Besonderes sein, hatte Dad bestimmt. Eine Art Schulabschlussfeier, aber vor allem eine Zulassungsparty.

»Herzlichen Glückwunsch, Jen. Verspätet, aber umso herzlicher.«

Mom und Jen stießen an.

»Und auf Matthew, Student der … äh …«

»Geschichte, Dad. Tu nicht so, als ob du es vergessen hättest.«
»Richtig, Geschichte. Am University College der Universität Toronto.«
Pling. Wir nippten wieder. Der Sekt war herb und die Bläschen stiegen mir in die Nase.
»Viel Glück, ihr beiden«, sagte Mom. Nach kurzer Pause fügte sie hinzu: »Und jetzt ist Bescherung.«
Mein Vater griff unter den Tisch und reichte Jen eine kleine Schachtel. Sie machte sie auf und zeigte mir einen schwarzen Füller.
»Nicht gerade besonders einfallsreich, was?« meinte Mom.
»Er ist super«, sagte Jen. »Vielen Dank, Mr und Mrs Lane. Schau mal, Matt, meine Initialen sind auf dem Verschluss eingraviert.«
»Echte Studierende schreiben mit Füller«, sagte Dad, »nicht mit so Einwegdingern aus Plastik. Und da du umweltbewusst bist und so ...«
»Danke«, wiederholte Jen.
Ich merkte, dass sie bewegt war von der Geste. Ich hatte ihr mein Geschenk schon am Abend zuvor gegeben, einen neuen Rucksack aus dickem grünem Nylon mit vielen Täschchen und Unterteilungen, Riemen und Schnallen. Sehr romantisch.
»Okay!«, rief ich, denn Jen hörte nicht auf, den Füller zwischen den Händen hin und her zu drehen. »Jetzt bin ich dran.«
Ich war ziemlich guter Stimmung. Und auch ein bisschen aufgeregt, um ehrlich zu sein. In zwei Wochen würde ich ausziehen und im Studentenheim wohnen. Endlich würde ich die kleine Stadt verlassen, die ich so gehasst hatte, jetzt aber schon nicht mehr. Ich würde wieder in der Großstadt leben, mit dem Verkehr, dem Smog, dem Krach, mit Kinos, Diskos, Läden und Kneipen. Ich würde ein neues Leben anfangen, wie ich es mir schon so lange gewünscht hatte. Aber ich war mir nicht sicher, ob ich schon soweit war, ob ich jemals soweit sein würde. Zugegeben, Jen würde auch dort sein, was eine Hilfe war.
»Also los!«, verkündete Dad.

Wie ein schnulziger Bühnenmusikant griff er in seine Hemdtasche. Er intonierte mit geschlossenen Lippen eine Fanfare – wenn es überhaupt möglich war, mit geschlossenen Lippen eine Fanfare zu summen und Trompetengeräusche nachzumachen, dann konnte es mein Vater – und zog einen Schlüssel hervor. Er hielt ihn zwischen Daumen und Zeigefinger, zeigte ihn herum, jedem Einzelnen von uns, als ob er ihn gleich verschwinden lassen wollte, dann warf er ihn lässig auf das Tischtuch, genau vor meine Nase. Es war der Schlüssel zum Toyota.

»Ihr macht Witze«, murmelte ich.

»Nein. Mom und ich wollen dir den Wagen schenken. Er trägt ja sozusagen schon deine Handschrift.«

Mom warf den Kopf zurück und lachte. Ihre Ohrringe schaukelten und hüpften. Vor einer Woche waren meine Eltern mit einem gebrauchten – schon erfahrenen – Jeep Cherokee nach Hause gekommen. Gehörte wohl zum Image des Landlebens, hatte ich angenommen. Sie hatten für Innen Halterungen gebaut, in denen man Moms Gitarren und ihre Ausrüstung befestigen konnte. Ich hatte schon gehofft, dass ich den Toyota mit nach Toronto nehmen könnte, aber eigentlich hatte ich gedacht, alles würde dagegen sprechen.

»Danke, Mom und Dad, das ist super.«

»Der Wagen ist das Geschenk von Dad«, erwiderte Mom prompt.

»Aha.«

Verwirrt sah ich sie aufstehen und in ihr Studio gehen. Einen Augenblick später kam sie mit einer ihrer Gitarren zurück. Es war ihre Lieblingsgitarre, die alte sechssaitige akustische mit dem sanften, weichen Klang, der so gut zu ihrer Stimme passte. Verlegen legte sie mir das Instrument auf die Knie.

»Spiel doch mal ein paar Takte«, sagte sie.

Eine undefinierbare Erregung bewegte mich. Ich schlug ein paar schwierige Blues-Griffe, die sie mir vor kurzem beigebracht hatte und die ich täglich geübt hatte.

»Nicht schlecht. Am besten, du nimmst das alte Ding mit, wenn du auf die Uni gehst, dann kannst du immer ein bisschen üben.«

»Mom, du willst doch nicht sagen …«

»Du nimmst Gitarrenunterricht, wenn du in Toronto bist, Junge.«
Sie beugte sich zu mir herunter und küsste mich und hielt mich ein
paar Sekunden an sich gedrückt, dann setzte sie sich wieder.

Ich umschlang die Gitarre, ließ die Hände über den Hals gleiten
und sah die perlmuttfarben schimmernden Wirbel, die Maserung
des polierten Holzkörpers und die Fläche unter dem Schallloch, die
vom Schlagen mit den Fingern eine hellere Schattierung angenommen hatte, mit liebevoller Bewunderung an. Ich musste an die
Zeit denken, als ich noch so klein gewesen war, dass ich die Gitarre
kaum halten konnte. Ich hatte immer damit gespielt, wenn Mom
nicht in der Wohnung und Dad anderweitig beschäftigt war. Erst
jetzt, während ich die Gitarre in Händen hielt und kaum sichtbare
Abdrücke auf der polierten Oberfläche hinterließ, wurde mir klar,
dass sie immer gewusst hatte, dass ich mir die Gitarre geholt und
darauf zu spielen versucht hatte.

Während ich die abgegriffenen Stellen zwischen den Bünden betrachtete, hörte ich es an der Haustür klingeln.

»Ich mach auf«, sagte Jen.

Ich sah meine Mutter an. »Mom, ich weiß nicht, was ich sagen soll.
Vielen …«

Hinter mir hörte ich jemand fragen: »Wohnt hier Familie Lane?«
Irgendwie kam mir die Stimme bekannt vor.

Meine Mutter reagierte nicht auf meine Worte. Stattdessen breitete sich auf ihrem Gesicht ein Ausdruck des Entsetzens aus. Das
Sektglas, das sie zwischen den Fingerspitzen beider Hände hatte
baumeln lassen, fiel herab. Der Stiel brach ab und auf der Tischplatte bildete sich ein schäumender Fleck aus perlendem Sekt und
Glassplittern.

»Allmächtiger«, hauchte sie.

Ich drehte mich auf dem Stuhl um und erkannte die Stimme in
dem Augenblick wieder, als mein Blick auf die Person an der Tür
fiel.

6

Auf seinen Stock gestützt stand er in der Diele. Mit der freien
Hand zog und zerrte er am Saum seines schwarzen Jacketts herum.
Er trug ein weißes Hemd und eine breite, rote Krawatte, von der
selbst ich wusste, dass sie völlig aus der Mode war.
Jen stand mit der Hand auf dem Türknauf da und starrte mich über
Lucas hinweg an. Ihr Gesicht zeigte Verwirrung. Dad sah meine
Mutter an, mit seitlich geneigtem Kopf, was immer bedeutete, dass er
überrascht war. Der nasse Fleck auf dem Tischtuch breitete sich all-
mählich aus, ohne dass meine Mutter es bemerkte. Sie hatte die Fin-
gerspitzen neben dem aufgerissenen Mund in die Wangen gedrückt.
»Hallo, Etta.« Die tiefe Stimme meines Großvaters brach den
Bann. »Hallo, Matt.«
Dad wandte den Blick von Mom ab und dem Fremden an der Tür
zu, während er versuchte, sich ein Bild zu machen.
»Ist das derjenige, für den ich ihn halte?«, fragte er meine Mutter.
Als sie wieder sprach, waren ihre Worte hart wie Stein. »Was
machst du hier, Lucas?«
Vor dem Fenster konnte ich ein rotweißes Taxi in der Auffahrt stehen
sehen. Das Brummen des Motors war durch die Stille im Haus zu
hören. Lucas hatte den Fahrer gebeten zu warten, überlegte ich, weil
er erwartete, dass man ihm die kalte Schulter zeigen würde und er
wieder umkehren müsste, weil er vermutete, dass man ihn hi-
nauswerfen würde, und wusste, dass er es nicht anders verdient hätte.
»Sie müssen wohl Tom sein«, sagte er.
»Ja.«
»Matt sieht Ihnen ähnlich, um die Kinnpartie herum.«
Mississippi war weit weg, doch bei dem weichen Singsang von
Lucas trat alles wieder vor mein inneres Auge – das träge, warme
Wasser des Bayou, die moosbehangenen immergrünen Eichen im
Hof, die glühend heiße Luft, die so schwer war vor Feuchtigkeit,
dass sie einen wie eine zweite Haut umgab.

»Ach, tatsächlich?«, sagte mein Vater eisig.

Jen war hergekommen und stand neben meinem Stuhl. »Was geht eigentlich vor sich?«, flüsterte sie.

»Das ist mein Großvater.«

»Du meinst, der Großvater, der …«, platzte sie heraus, wurde jedoch puterrot, nachdem ihr die Worte entfahren waren. »Ich geh mal lieber, Matt.«

»Du bleibst schön da«, befahl meine Mutter. »*Du* hast überhaupt keine Veranlassung zu gehen.«

Was nur zur Folge hatte, wie mir auffiel, dass Jen noch dringender gehen wollte.

Nun, da mein Großvater und meine Mutter im selben Zimmer waren, war die Ähnlichkeit zwischen ihnen ganz augenfällig – die Gesichtszüge, die schlanke Gestalt, die stolze Haltung, auch wenn Lucas etwas gebückt war. Doch während Moms Kinn energisch wirkte und ihr Blick Feuer sprühte, machte Lucas einen müden und gedankenvollen Eindruck, und die Art, mit der er den Griff seines Stocks umklammerte, ließ ahnen, wie unwohl er sich fühlte. Keiner im Haus wollte ihn dahaben, und das wusste er.

»Etta, ich wäre dir dankbar, wenn du mich anhören würdest. Hab da draußen ein Taxi warten. Es dauert nicht lang.«

»Alles, was du zu sagen hattest, hast du schon vor langer Zeit gesagt«, fuhr ihn meine Mutter an.

Mein Vater, der gewöhnlich den artigen Gastgeber spielte, schwieg. Er wusste, dass dies Moms Angelegenheit war und verhielt sich abwartend. Wir alle warteten. Das Schweigen und die Spannung zerrten an meinen Nerven. Jen fing an, an einem Fingernagel zu kauen, und ihr unglücklicher Ausdruck sagte: Nichts wie weg hier. Warum war mein Großvater gekommen?, fragte ich mich. Hatte er erfahren, dass er sterben müsse, und wollte er Frieden machen mit seiner Tochter? Kaum anzunehmen, wenn man von seiner Haltung gegenüber Menschen ausging, die er die Weißen nannte. Brauchte er Geld? War er in Schwierigkeiten? Er hatte doch aber Verwandte im Umkreis von Natchez. Warum sollte er hierher kommen?

Der Gedanke an seine – und meine – Verwandten rief etwas in mir wach, das ich zu vergessen versucht hatte: den Ausdruck seines Gesichts an jenem Morgen in seinem Garten, als ich ihm eröffnet hatte, wer ich war, und er gesagt hatte, er hätte nicht gewusst, dass er einen Enkel habe. Und die Worte, die ich ihm darauf entgegengeschleudert hatte.

»Mom, Dad«, sagte ich, »könntet ihr nicht wenigstens anhören, was er zu sagen hat?«

Meine Mutter saß so steif und unnachgiebig wie ein Eichenbalken am einen Ende des Tisches. Glassplitter lagen verstreut auf dem fleckigen Tischtuch, aber sie machte keine Anstalten, die Scherben einzusammeln. Ich beobachtete meinen Vater. Er wusste, dass *er* der ›Grund‹ für das Zerwürfnis zwischen meiner Mutter und Lucas war. Er war sein Leben lang auf der Straße beschimpft worden. Er hatte sich mit rassistischen Idioten beschäftigt, in Wort und in Person. Lucas war nur ein weiterer. Dad konnte mit seinen Vorurteilen umgehen. Doch die Auswirkungen, die sie auf meine Mutter hatten, machten ihm zu schaffen.

»Ich bin einverstanden«, sagte er. »Etta?«

Mom rührte sich nicht und gab keinen Ton von sich.

Dad gab mir ein paar Scheine. »Matt«, sagte er, »geh raus und bezahl das Taxi.«

Lucas humpelte zum Tisch. Sein Stock machte auf den Holzdielen ein klopfendes Geräusch. Zwischen meiner Mutter und mir nahm er Platz. Aufrecht saß er da, beide Hände auf dem Griff des Spazierstocks. Er wandte den Blick nicht von meiner Mutter. Sie hingegen weigerte sich, ihn anzusehen. Sie sah durch die Tür in die Küche, als habe sie etwas auf dem Herd stehen und fürchtete, es könnte überkochen.

»Etta«, begann Lucas fast flüsternd, »mein alter Freund Ray ist vor kurzem dahingegangen.« Sein Adamsapfel hob und senkte sich. »Das hat mich nachdenklich gemacht. Ich nehme an, wenn man alt wird und einem die Freunde wegsterben, dann blickt man zurück auf sein Leben. Zieht sozusagen Bilanz. Ich habe mich gefragt, ob ich mich nicht vertan habe.«

Meine Mutter sah immer noch weg, aber ihr Ausdruck wurde etwas milder.

»Da tauchte Matt auf einmal bei mir auf. Um mich kennen zu lernen, nehme ich an. Ehe ich wusste, wer er ist, dachte ich bei mir, was für ein prachtvoller Junge, auf den müssten ja alle Eltern stolz sein. Und Großeltern auch. Und als ich schließlich erfahren habe, dass er mein Enkel ist und nach meinem Vater benannt worden ist …«

Seine Stimme verlor sich, er schluckte heftig und fasste sich wieder.

»Ich … ich habe in meinem Leben viel Hass erfahren müssen und hab schon vor langer Zeit gelernt, dagegen anzukämpfen, indem ich den Spieß umdrehte und die hasste, die mich unterdrückt haben, die mir so einiges vorenthalten haben, weil ich schwarz bin. – Und indem ich das System hasste, das diese Leute unterstützt hat. Es war meine einzige Waffe. Aber dieser Hass hat mich vergiftet, Etta. Ich will mich nicht rechtfertigen, hörst du. Ich will es nur erklären.«

Erst jetzt wandte sich meine Mutter ihm zu, als wolle sie bestätigen, welchem schlimmen Irrtum er unterlegen sei und wie recht er mit dem Urteil über sich habe.

»Etta, nach so vielen Jahren weiß ich, dass eine Entschuldigung bedeutungslos ist. Aber ich habe dir großes Unrecht getan und das tut mir Leid.«

Lucas wandte sich an meinen Vater. »Sir«, sagte er beinahe förmlich, als habe er die Zeilen wieder und wieder geübt, »ich habe Sie bisher nicht kennen gelernt, und auch Ihnen habe ich großes Unrecht getan.«

Meine Mutter ließ die Worte eine Weile in der Luft hängen, dann antwortete sie, und jedes Wort kam messerscharf. »Lucas, weißt du noch, was du zu mir gesagt hast, als ich dir erzählt habe, dass ich Tom heiraten werde? Du hast gesagt, ich sei eine Verräterin meiner Rasse und jede schwarze Frau, die sich auf einen weißen Mann einließe, sei Abschaum. Es hat dich nicht interessiert, was Thomas für ein wunderbarer Mensch ist. Du wolltest es gar nicht wissen.

Du hast mir und Tom dasselbe zugefügt, wofür du andere gehasst hast, weil sie es dir antaten. Und jetzt tut es dir Leid«, fügte sie verächtlich hinzu.

Lucas stellte sich dem Angriff mannhaft und mit erhobenem Haupt. Die Art, wie er seine Würde wahrte, war bewundernswert. »Ich hab mich ein Dutzend Mal hingesetzt, um zu schreiben«, sagte er. »Aber Worte auf Papier reichten nicht aus. Es wäre zu einfach gewesen. Matt ist den ganzen Weg nach Mississippi gekommen. Nachdem er weg war, hab ich nach Gründen gesucht, warum er den weiten Weg gemacht hat. Dann ist mir wieder das Lied von dir eingefallen, dass er uns vor versammelter Mannschaft vorgesungen hat, und ich hab das Schulprojekt gelesen, dass er mir dagelassen hat, und da ist mir ein Licht aufgegangen. Da hab ich mir gesagt, wenn er bis nach Natchez hat kommen können, um mir gegenüberzustehen, dann muss ich herkommen und dir unter die Augen treten.«

Meine Mutter wandte sich nach mir um und in ihren Augen lag ein Blick, den ich mir nicht erklären konnte. Lucas erhob sich und stieß einen Seufzer aus.

»Matthew«, sagte er, »es tut mir Leid, dass wir uns nicht besser kennen gelernt haben.«

Ich antwortete nichts darauf, ich wusste nicht, was ich antworten sollte.

»Und jetzt«, fuhr er fort, »wäre ich euch sehr dankbar, wenn ihr mir ein Taxi rufen könntet, das mich zum Flughafen zurückbringt.«

Ich überlegte einen Moment. »Ich könnte dich aber auch hinbringen«, bot ich ihm an.

»Ich komm mit«, sagte Jen.

Es wäre wahrscheinlich nett, wenn ich sagen könnte, dass sich alles in einem disneyartigen Happyend auflöste, dass wir uns alle in die Arme fielen und gleichzeitig weinten und lachten und uns versöhnten, dass wir uns als Freunde niederließen und gemeinsam weiterfeierten. Aber die Wunden in jedem von uns waren zu tief und das unterbrochene Mahl auf dem Tisch wurde kalt.

Niemand forderte Lucas auf, zu bleiben. Ich bin sicher, dass er es sowieso abgelehnt hätte. Er war nach Norden gekommen, um die Aussöhnung in Gang zu setzen, und obwohl ich ihm immer noch in keiner Weise aufgeschlossen gegenüberstand, bewunderte ich seinen Mut. Wie viel schwerer ist es, etwas wieder zu kitten, als es zu zerbrechen.

Ich weiß, dass meine Eltern ebenso dachten. Ehe Lucas das Haus verließ, schüttelte mein Vater ihm fest die Hand und meine Mutter ließ sich seine Adresse und Telefonnummer geben.

»Vielleicht melde ich mich mal«, sagte sie.

Wir kamen lange vor seiner Abflugzeit am Flughafen an, aber er bat uns nicht, mit ihm zu warten. Er schüttelte Jen und mir die Hand und humpelte durch die Sicherheitsschleuse und verschwand.

Jen und ich schwiegen fast den ganzen Heimweg über. Mir ging durch den Kopf – schon ganz wie bei einem Historiker, sozusagen –, wie die Tat eines Menschen so viele Jahre hindurch Wellen schlägt und so viele andere mit beeinflusst, und wie wenig wir in den meisten Fällen vorhersagen oder wissen können, was das Ergebnis unserer Taten ist. Vor langer, langer Zeit hatte ein einsamer alter Mann auf seiner Farm am Ufer des Grand River eine Dokumentenkiste vergraben. Mehr als einhundertfünfzig Jahre lag die Kiste in der Erde, bis ihre Entdeckung eine Kette von Ereignissen nach sich zog, die einen anderen alten Mann aus Mississippi auf dieselbe Farm brachte, um die Verbindung zu seiner Tochter und ihrer Familie wieder aufzunehmen. Ich war das Verbindungsglied zwischen den beiden Männern. Einen von ihnen bewunderte ich. Den anderen, der mir hätte näher stehen sollen, weil er mein Großvater war, bewunderte ich nicht. Pawpine hatte nie aufgegeben, Lucas jedoch schon. Er hatte es zugelassen, dass ihn der Hass niederkämpfte und besiegte. Indem er den weiten Weg von Natchez zurückgelegt hatte, war er möglicherweise dabei, sich wieder aufzurichten.

South on '61

Words by William Bell
Music by Dylan Bell

Nachbemerkung des Autors

Mit Ausnahme von Menschen und Ereignissen, die geschichtlichen Publikationen entnommen sind, ist dies eine erfundene Geschichte. Ähnlichkeiten zwischen meinen Figuren und verstorbenen oder lebenden wirklichen Personen sind zufällig.

Richard Pierpoint hat wirklich gelebt und verbrachte seinen Lebensabend auf dem Grundstück, das er und ein Freund am Ufer des Grand River nahe den heutigen Fergus in Ontario gerodet und bewohnbar gemacht hatten. Ich habe versucht, seine Geschichte so genau wie möglich wiederzugeben, habe mir allerdings eine dichterische Freiheit herausgenommen: So viel ich weiß, hat er nichts im Boden seiner Farm vergraben.

Danksagung

Mein Dank gilt John Pearce, der weiterhin zuversichtlich blieb, als ich den Glauben an mich schon fast verloren hatte; Ting-xing Ye, weil sie mir Mut gemacht und bei dem Manuskript geholfen hat; meinen Kindern Dylan, Megan und Brendan, die meine ersten Entwürfe gelesen und mich beraten haben.

Weiterhin danke ich Wayne Allen, Geschichtslehrer am Orillia Collegiate, Ian Easterbrook und Bonnie Callan, Archivisten am Wellington County Museum, und ich danke dem Ontario Arts Council für seine Unterstützung.

Zum ersten Mal hörte ich von Richard Pierpoint alias Pawpine in dem Lied ›Pawpine‹ von James Gordon, Mitglied der Folk-Gruppe Tamarack. Es ist auf der CD »On the Grand« (FE1421CD), © Folk Era Productions, Inc.

Der Autor

William Bell (*1945 in Toronto, Kanada) lebte drei Jahre in China, wo er in Peking Englisch unterrichtete. Er heiratete die chinesische Bestseller-Autorin Ting-Xing Ye, die mit ihm nach Kanada ging – kurz vor dem Massaker auf dem Platz des himmlischen Friedens im Mai 1989. William Bell hat drei Kinder und lebt als Lehrer in einer kleinen Stadt südlich von Ontario. Erst im Alter von vierzig Jahren fing er an zu schreiben. Für sein Werk, das in mehrere Sprachen übersetzt wurde, erhielt er verschiedene nationale und europäische Auszeichnungen.

Julie Johnston

Jetzt erst recht!

Aus dem kanadischen Englisch von
Eva Riekert
209 Seiten, gebunden

Ich werd's euch allen noch beweisen, denkt Keely, als sie wieder
mal nicht ernst genommen wird. Sie träumt davon, die Welt zu
bewegen und durch große und kleine ›Heldentaten‹ ein bisschen
besser zu machen. Dann würden endlich alle akzeptieren, dass sie
kein Kind mehr ist und sich unter den Erwachsenen behaupten
kann.
Wie schwer ihre Ideale zu verwirklichen sind, muss Keely erfahren, als ihr Bruder Patrick an Kinderlähmung erkrankt und sich
selbst völlig aufgibt. Hartnäckig versucht sie, seinen Lebenswillen
wieder zu wecken. Ihre Ausdauer und ihr Einfallsreichtum werden
auf eine harte Probe gestellt.
Einfühlsam und glaubwürdig erzählt Julie Johnston die Geschichte
von einem Mädchen, das sich unbeirrbar für ihre Mitmenschen
einsetzt und das Abenteuer des Erwachsenwerdens mit viel Humor
und flotten Sprüchen meistert. Ein mitreißender Jugendroman, der
dem Erfolgstitel ›Mir doch egal!‹ in nichts nachsteht.

URACHHAUS